Herausgegeben von Florian Radvan und Anne Steiner

Georg Büchner

Woyzeck

Bearbeitet von
Claudia von Böhl

Literathek

Georg Büchner **Woyzeck**

Verlagsredaktion Barbara Krotz, Detlef Langermann
Layout und technische Umsetzung Buchgestaltung+, Berlin
Umschlaggestaltung HOX designgroup, Kay Bach, Köln

Bildquelle akg-images (S. 6)

www.cornelsen.de

Dieses Werk berücksichtigt die Regeln der reformierten Rechtschreibung und Zeichensetzung. Ausnahmen bilden Originaltexte, bei denen lizenzrechtliche Gründe einer Änderung entgegenstehen.

Die Links zu externen Webseiten Dritter, die in diesem Lehrwerk angegeben sind, wurden vor Drucklegung sorgfältig auf ihre Aktualität geprüft. Der Verlag übernimmt keine Gewähr für die Aktualität und den Inhalt dieser Seiten oder solcher, die mit ihnen verlinkt sind.

1. Auflage, 2. Druck 2014

Alle Drucke dieser Auflage sind inhaltlich unverändert und können im Unterricht nebeneinander verwendet werden.

© 2013 Cornelsen Schulverlag GmbH, Berlin

Das Werk und seine Teile sind urheberrechtlich geschützt.
Jede Nutzung in anderen als den gesetzlich zugelassenen Fällen bedarf der vorherigen schriftlichen Einwilligung des Verlages.
Hinweis zu den §§ 46, 52a UrhG: Weder das Werk noch seine Teile dürfen ohne eine solche Einwilligung eingescannt und in ein Netzwerk eingestellt oder sonst öffentlich zugänglich gemacht werden.
Dies gilt auch für Intranets von Schulen und sonstigen Bildungseinrichtungen.

Druck: Offizin Andersen Nexö Leipzig

ISBN 978-3-06-062927-5

 Inhalt gedruckt auf säurefreiem Papier aus nachhaltiger Forstwirtschaft.

Inhalt

Kurzbiografie — **6**

Woyzeck — **13**

Der Hessische Landbote — **43**

Sachinformationen

    Leben in der Garnisonsstadt — **60**

    Humanexperimente im 19. Jahrhundert — **62**

    Der Jahrmarkt im 19. Jahrhundert — **64**

    Der historische Woyzeck — **65**

    Schizophrenie — **67**

Kurzbiographie

Georg Büchner

Karl Georg Büchner wurde am 17. Oktober 1813 in Goddelau bei Darmstadt geboren und wuchs als erstes von sechs Kindern in gutbürgerlichen Verhältnissen auf. Sein Vater war Arzt. Er weckte Büchners Interesse an naturwissenschaftlichen Fragen, während die Mutter sein literarisches Interesse förderte. Aber nicht nur das Elternhaus und seine Schulzeit an einem humanistischen Gymnasium prägten ihn – schon früh begann er sich auch mit den sozialen und politischen Fragen seiner Zeit auseinanderzusetzen. Während der französischen Besatzungszeit (1806–1813) war auch die französische Rechtsprechung des von Napoleon in Auftrag gegebenen »Code Civil« eingeführt worden: Er garantierte allen männlichen, in Frankreich geborenen Erwachsenen das Recht auf die französische Staatsbürgerschaft. Damit ging der Anspruch auf den »Genuss der Zivilrechte« (Lassaulx 1809, S. 9) einher. Für alle Staatsbürger galt die Gleichheit vor dem Gesetz. Die Standesschranken waren aufgehoben. Zugleich erhielten die Citoyen (Bürger) das Wahlrecht, genossen den Schutz des Privateigentums. Der Zunftzwang wurde abgeschafft, jeder Bürger bekam die Freiheit, seinem Gewerbe frei nachgehen zu können. Der Kirchenbesitz wurde verstaatlicht. Alle Staatsbürger waren also von nun an frei in ihrem persönlichen wie wirtschaftlichen Handeln.

Diese Rechte wurden allerdings nach dem Sieg über Napoleon durch die Beschlüsse des Wiener Kongresses (1814/15) teil-

Kurzbiografie

weise wieder zurückgenommen, zum Beispiel war die Parlamentsarbeit wieder den Adligen und Wohlhabenden vorbehalten. Finanziell schlechtergestellte Gesellschaftsschichten hatten damit keine Möglichkeit zur politischen Mitbestimmung.

Büchner bemerkte die offen zutage tretenden Widersprüche im hessisch-darmstädtischen Großherzogtum. War die Leibeigenschaft im Nachklang der französischen Besatzung auch aufgehoben worden, verschärfte sich die wirtschaftliche Situation der nunmehrigen Tagelöhner, armen Stadtbewohner und Bauern immer mehr. Der Adel aber war wieder in seine Rechte eingesetzt worden und der Großherzog regierte »von Gottes Gnaden« (Edict 1820, S. 101).

Büchner verfolgte diese Entwicklung mit wachsender Wut gegenüber den, wie er schreibt, »allerdurchlauchtigsten und gesalbten Schafsköpfen« (Büchner 1909, S. 158) und schloss sich 1831, als er nach dem Abitur ein Studium in Straßburg begann, sofort einer Studentenverbindung an, um aktiv für die Interessen der armen Bevölkerungsschichten zu kämpfen: »Wenn in unserer Zeit etwas helfen soll, so ist es Gewalt«, schrieb er am 5. April 1833 noch aus Straßburg an seine Familie. Und er fährt fort: »Wir wissen, was wir von unseren Fürsten zu erwarten haben. Alles, was sie bewilligten, wurde ihnen durch die Notwendigkeit abgezwungen« (Franzos 1879, S. 328).

Diesen Kampf setzt er ab 1833 in Gießen fort, wo er sein Studium beenden wollte. 1834 gründete er »Die Gesellschaft der Menschenrechte« und machte es sich – obwohl dies illegal war – zur Aufgabe, die bäuerliche Landbevölkerung zum Kampf gegen die Unterdrückung durch die Oberschicht aufzurufen. In seiner Flugschrift *Der Hessische Landbote* (1834) wandte er sich gegen die sozialen Missstände seiner Zeit. Unter dem während der Französischen Revolution häufig gebrauchten Schlachtruf »Friede den Hütten! Krieg den Paläs-

Georg Büchner

ten!« wollten er und seine Freunde die sozial unterdrückte Landbevölkerung aufrufen, sich gegen die bestehende Staatsordnung zu erheben. Allerdings wurden sie verraten und nachfolgend verhaftet bzw. verhört. Büchner, inzwischen steckbrieflich gesucht, flüchtete aus Angst vor einer Gefängnisstrafe nach Straßburg, wo er sich auf sein Studium und naturwissenschaftliche Fragen konzentrierte.

Rückblickend schreibt er: »Ich war [in Gießen] im Äußeren ruhig, doch war ich in tiefe Schwermut verfallen; dabei engten mich die politischen Verhältnisse ein, ich schämte mich, ein Knecht mit Knechten zu sein, einem vermoderten Fürstengeschlecht und einem kriechenden Staatsdiener-Aristokratismus zu Gefallen. Ich kam nach Gießen in die widrigsten Verhältnisse, Kummer und Widerwillen machten mich krank« (Büchner 1922, S. 536).

Noch in Gießen hatte Büchner begonnen, an einem Drama zu arbeiten. »Ich studierte die Geschichte der Revolution. Ich fühlte mich wie zernichtet unter dem grässlichen Fatalismus der Geschichte...« (Franzos 1879, S. 371), schreibt er im März 1834 an seine Braut Minna. Aus dieser Beschäftigung heraus entstand *Dantons Tod* (1835). Um seinen Lebensunterhalt bestreiten zu können, verfasste er u. a. das Lustspiel *Leonce und Lena* (1836) und noch ein weiteres, heute verlorenes Stück.

Woyzeck (1837) ist Büchners letztes Drama. Den historischen Stoff, das Schicksal des ehemaligen Soldaten Johann Christian Woyzeck (1780–1824) aus Leipzig, kannte er bereits aus seiner Zeit als Medizinstudent. Sein Vater war als Mitarbeiter an der »Zeitschrift für Staatsarzneikunde« über den Fall informiert und Büchner hatte darüber gelesen. Er begann noch in Straßburg mit dem Drama, schrieb es in Zürich weiter, als er nach Abschluss seines Studiums als Privatdozent an der medizinischen Fakultät der dortigen Universität angestellt worden war. Doch im Januar 1837 erkrankte Büchner an Typhus und

Kurzbiografie

erlag dieser Krankheit mit nur 23 Jahren am 19. Februar 1837.

Sein Dramenfragment liegt in drei Fassungen vor und wurde 1879 erstmals durch Karl Emil Franzos veröffentlicht. Der Verlag feierte diese kritische Gesamtausgabe der Büchner'schen Werke als »eine der genialsten Erscheinungen der deutschen Literatur« (Franzos 1879, S. 3). Besonders deshalb, weil Franzos es verstanden hatte, die zum Teil fast unleserlich gewordenen Manuskripte Büchners wieder lesbar zu machen, konnte nun erstmals auch der *Woyzeck* der Öffentlichkeit, der Büchner bis dahin weitgehend unbekannt geblieben war, bekannt gemacht werden. Sowohl die Vertreter des literarischen Realismus als auch die des Naturalismus waren tief beeindruckt. Man bewunderte den schonungslosen Realismus, »die erbarmungslose Härte in den Schilderungen abstoßender Dinge aller Art« (Zäbelitz 1915, S. 37), wie ein Zeitgenosse schrieb.

»Ich verlange in Allem – Leben, Möglichkeit des Daseins, und dann ist's gut; wir haben dann nicht zu fragen, ob es schön, ob es hässlich ist« (Büchner 1922, S. 92), lässt Büchner seinen Lenz sagen, was man als persönliches Credo des Dichters verstehen kann. Gerhart Hauptmann schrieb: »Ich habe Büchner viel zu danken. Auch von ihm habe ich entscheidende Anregungen empfangen« (Zäbelitz 1915, S. 5).

Es dauerte allerdings bis zum 100. Geburtstag Büchners im Jahre 1913, bis *Woyzeck* im Münchener Residenztheater aufgeführt wurde. Die Kritik feierte »Szenen, die zu dem Ergreifendsten gehören, was die dramatische Literatur aller Zeiten hervorgebracht hat. [...] Der Erfolg war ein durchschlagender«, heißt es im Darmstädter Tagblatt vom 11. November 1913. Seitdem gehört das Dramenfragment zum Standardrepertoire des deutschen – und später auch nicht-deutschsprachigen – Schauspiels. Bis heute ist das Stück allein in Deutschland fast fünfhundertmal inszeniert worden.

Georg Büchner

Alban Berg schrieb in Anlehnung an Büchners Drama die Oper *Wozzeck* (1921), die 1925 uraufgeführt wurde. Mehrfach ist das Drama verfilmt worden, u. a. 1947 von der DEFA mit dem heute fast unbekannten Kurt Meisel (1912–1994) und 1979 mit Klaus Kinsky (1926–1991) in der Titelrolle.

Literatur

Beese, Marianne: Georg Büchner. Rostock: Ingo Koch Verlag 2011.

Beise, Arnd: Einführung in das Werk Georg Büchners.
Darmstadt: Wissenschaftliche Buchgesellschaft 2010.

Büchner, Georg: Gesammelte Schriften. Hrsg.: Paul Landau.
Berlin: Verlag Paul Cassirer 1909.

Büchner, Georg: Sämtliche Werke und Briefe. Leipzig: Insel Verlag 1922.

Edict über die Landständische Verfassung des Großherzogthums.
Großherzoglich Hessisches Regierungsblatt 1820, Nr. 13.

Franzos, Karl Emil (Hrsg.): Georg Büchner's Sämmtliche Werke und handschriftlicher Nachlaß. Frankfurt a. M.: Sauerländer's Verlag 1879.

Hauschild, Jan-Christoph: Georg Büchner. 2. Auflage (rororo).
Reinbek: Rowohlt Verlag 2004.

Lassaulx, Franz v.: Kodex Napoleon: 1 Mit einem Anhang und einem vollständigen Sachregister/übers. und kommentirt.
Koblenz: Pauli Verlag 1807.

Martin, Ariane: Georg Büchner. Stuttgart: Reclam Verlag 2007.

Mayer, Hans: Georg Büchner und seine Zeit.
Frankfurt a. M.: Suhrkamp Verlag 1972.

Zäbelitz, Max Zobel von: Georg Büchner: Sein Leben und sein Schaffen.
Berlin: G. Grote'sche Verlagsbuchhandlung 1915.

Georg Büchner

Woyzeck

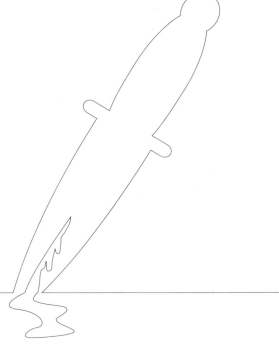

Personen

FRANZ WOYZECK
MARIE
HAUPTMANN
DOKTOR
TAMBOURMAJOR
UNTEROFFIZIER
ANDRES
MARGRETH
AUSRUFER vor einer Bude
MARKTSCHREIER im Inneren der Bude
ALTER MANN, der zum Leierkasten singt
KIND, das tanzt
DER JUDE
WIRT
ERSTER HANDWERKSBURSCH
ZWEITER HANDWERKSBURSCH
KARL, der Idiot
KÄTHE
GROSSMUTTER
ERSTES KIND
ZWEITES KIND
DRITTES KIND
ERSTE PERSON
ZWEITE PERSON
GERICHTSDIENER
ARZT
RICHTER
SOLDATEN, STUDENTEN, BURSCHEN, MÄDCHEN und **KINDER**

Freies Feld. Die Stadt in der Ferne

Woyzeck und Andres schneiden Stöcke im Gebüsch.

WOYZECK: Ja Andres; den Streif da über das Gras hin, da rollt abends der Kopf, es hob ihn einmal einer auf, er meint's, es wär ein Igel. Drei Tag und drei Nächt und er lag auf den Hobelspänen. *(leise)* Andres, das waren die Freimaurer, ich hab's, die Freimaurer, still!

ANDRES *singt:*
  Saßen dort zwei Hasen,
  Fraßen ab das grüne, grüne Gras ...

WOYZECK: Still! Es geht was!

ANDRES:
  Fraßen ab das grüne, grüne Gras
  Bis auf den Rasen.

WOYZECK: Es geht hinter mir, unter mir *(stampft auf den Boden)* hohl, hörst du? Alles hohl da unten. Die Freimaurer!

ANDRES: Ich fürcht mich.

WOYZECK: S' ist so kurios still. Man möcht den Atem halten. Andres!

ANDRES: Was?

WOYZECK: Red was! *(Starrt in die Gegend.)* Andres! Wie hell! Ein Feuer fährt um den Himmel und ein Getös herunter wie Posaunen. Wie's heraufzieht! Fort. Sieh nicht hinter dich. *(Reißt ihn ins Gebüsch.)*

ANDRES *nach einer Pause:* Woyzeck! hörst du's noch?

WOYZECK: Still, alles still, als wär die Welt tot.

ANDRES: Hörst du? Sie trommeln drin. Wir müssen fort.

Die Stadt

Marie mit ihrem Kind am Fenster. Margreth.
Der Zapfenstreich geht vorbei, der Tambourmajor voran.

---

auf den Hobelspänen: im Sarg

Freimaurer: internationale Geheimorganisation, vertritt Ideale der Aufklärung, galt bei der Bevölkerung des 18. Jahrhunderts als geheimnisvolle, abergläubische Vereinigung

Sie trommeln drin: Zapfenstreich, abendliches Signal für Soldaten, in die Kaserne zurückzukehren

Tambourmajor: Leiter des Musikcorps eines Regiments

Woyzeck

MARIE *das Kind wippend auf dem Arm:* He Bub! Sararara! Hörst? Da komme sie.
MARGRETH: Was ein Mann, wie ein Baum.
MARIE: Er steht auf seinen Füßen wie ein Löw.
(Tambourmajor grüßt.)
MARGRETH: Ei, was freundliche Auge, Frau Nachbarin, so was is man an ihr nit gewöhnt.
MARIE *singt:* Soldaten das sind schöne Bursch ...
MARGRETH: Ihre Auge glänze ja noch.
MARIE: Und wenn! Trag Sie Ihre Auge zum Jud und lass Sie sie putze, vielleicht glänze sie noch, dass man sie für zwei Knöpf verkaufe könnt.
MARGRETH: Was Sie? Sie? Frau Jungfer, ich bin eine honette Person, aber Sie, Sie guckt siebe Paar lederne Hose durch.
MARIE: Luder! *(Schlägt das Fenster zu.)* Komm, mein Bub. Was die Leut wollen. Bist doch nur en arm Hurenkind und machst deiner Mutter Freud mit deim unehrliche Gesicht. Sa! Sa!

Singt:

> Mädel, was fangst du jetzt an?
> Hast ein klein Kind und kein Mann.
> Ei was frag ich danach,
> Sing ich die ganze Nacht
> Heiapopeia!, mein Bu. Juchhe!
> Gibt mir kein Mensch nix dazu.
>
> Hansel, spann deine sechs Schimmel an,
> Gib ihn zu fresse auf's neu.
> Kein Haber fresse sie,
> Kein Wasser saufe sie,
> Lauter kühle Wein muss es sein. Juchhe!
> Lauter kühle Wein muss es sein.

Es klopft am Fenster.

---

zum Jud trag
In den oberh[essi]schen Dörfer[n]
waren die Hä[ndler]
vielfach Jude[n]

honett: anständig

unehrliches Gesicht: *hier* nichtehe[liche] Geburt

Buden. Lichter. Volk

MARIE: Wer da? Bist du's, Franz? Komm herein!
WOYZECK: Kann nit. Muss zum Verles.
MARIE: Was hast du Franz?
WOYZECK *geheimnisvoll:* Marie, es war wieder was, viel, steht nicht geschrieben: und sieh, da ging ein Rauch vom Land, wie der Rauch vom Ofen?
MARIE: Mann!
WOYZECK: Es ist hinter mir gegangen bis vor die Stadt. Was soll das werden?
MARIE: Franz!
WOYZECK: Ich muss fort. *(Er geht.)*
MARIE: Der Mann! So vergeistert. Er hat sein Kind nicht angesehn. Er schnappt noch über mit den Gedanken. Was bist so still, Bub? Furchst' dich? Es wird so dunkel, man meint, man wär blind. Sonst scheint doch als die Latern herein. Ich halt's nicht aus. Es schauert mich. *(Geht ab.)*

Verles: Appell der Soldaten mit Verlesen ihrer Namen

vergeistert: verwirrt, kopflos

als: immer

Buden. Lichter. Volk

ALTER MANN, *der zum Leierkasten singt,* **KIND,** *das tanzt:*
    Auf der Welt ist kein Bestand,
    Wir müssen alle sterben,
    Das ist uns wohlbekannt!
MARIE: Hei! Hopsa!
WOYZECK: Arm Mann, alter Mann! Arm Kind! Jung Kind! Sorgen und Fest! Hei Marie, soll ich dich ...?
MARIE: Ein Mensch muss auch der Narr von Verstand sein, damit er sagen kann: Narrisch Welt! Schön Welt!
AUSRUFER *vor einer Bude:* Meine Herren! Meine Herren! Sehn Sie die Kreatur, wie sie Gott gemacht, nix, gar nix. Sehen Sie jetzt die Kunst, geht aufrecht, hat Rock und Hosen, hat ein Säbel! Ho! Mach Kompliment! So bist Baron. Gib Kuss! *(Er trompetet.)* Wicht ist musikalisch.

Kompliment: *hier* Verbeugung

Woyzeck

Meine Herrn, meine Damen, hier sind zu sehn das astronomische Pferd und die kleine Canaillevogel, sind Liebling von alle Potentate Europas und Mitglied von alle gelehrte Sozietät, verkündige de Leute alles, wie alt, wie viel Kinder, was für Krankheit. Schießt Pistol los, stellt sich auf ein Bein. Alles Erziehung, habe nur eine viehische Vernunft oder vielmehr eine ganz vernünftige Viehigkeit, ist kein viehdummes Individuum wie viel Person, das verehrliche Publikum abgerechnet. Herein. Es wird sein, die rapräsentation. Das commencement vom commencement wird sogleich nehm sein Anfang. Sehn Sie die Fortschritte der Zivilisation. Alles schreitet fort, ein Pferd, ein Aff, ein Canaillevogel! Der Aff ist schon ein Soldat, s' ist noch nit viel, unterst Stuf von menschliche Geschlecht!
Die rapräsentation anfangen! Man mackt Anfang von Anfang. Es wird sogleich sein das commencement von commencement.

WOYZECK: Willst du?
MARIE: Meinetwege. Das muss schön Dings sein. Was der Mensch Quasten hat und die Frau hat Hosen.

Unteroffizier. Tambourmajor.

UNTEROFFIZIER: Halt, jetzt. Siehst du sie! Was n' Weibsbild.
TAMBOURMAJOR: Teufel, zum Fortpflanzen von Kürassierregimenter und zur Zucht von Tambourmajors!
UNTEROFFIZIER: Wie sie den Kopf trägt, man meint, das schwarz Haar müsst sie abwärtsziehn, wie ein Gewicht, und Auge, schwarz ...
TAMBOURMAJOR: Als ob man in ein Ziehbrunn oder zu eim Schornstein hinabguckt. Fort hinterdrein.
MARIE: Was Lichter, mei Auge!

Canaillevogel: Wortspiel aus franz. canaille Schurke und Kanarienvogel

Potentat: Mächtiger, Fü...

Sozietät: Gesellschaft

rapräsentation: gemeint ist représentation Vorstellung

commencement: Anfang

Quaste: Troddel, pinselförmige Schmuckelem... an Kleidungsstücken

Kürassierregiment: Reiterregime...

Das Innere der Bude

WOYZECK: Ja de Brandwein, ein Fass schwarz Katze mit feurige Auge. Hei, was n' Abend.

Das Innere der Bude

MARKTSCHREIER: Zeig dein Talent! Zeig deine viehische Vernünftigkeit! Beschäm die menschlich Sozietät! Meine Herren, dies Tier, das Sie da sehn, Schwanz am Leib, auf sei vier Hufe ist Mitglied von alle gelehrte Sozietät, ist Professor an unse Universität, wo die Studente bei ihm reiten und schlage lerne. Das war einfacher Verstand. Denk jetzt mit der doppelte raison. Was machst du, wann du mit der doppelte Raison denkst? Ist unter der gelehrte Société da ein Esel? *(Der Gaul schüttelt den Kopf.)* Sehn Sie jetzt die doppelte Räson? Das ist Viehsionomik. Ja, das ist kei viehdummes Individuum, das ist eine Person. Ei Mensch, ei tierisch Mensch und doch ei Vieh, ei bête. *(Das Pferd führt sich ungebührlich auf.)* So beschäm die Société. Sehn Sie, das Vieh ist noch Natur, unideale Natur! Lern Sie bei ihm. Fragen Sie den Arzt, es ist höchst schädlich. Das hat geheiße: Mensch sei natürlich. Du bist geschaffe Staub, Sand, Dreck. Willst du mehr sein als Staub, Sand, Dreck? Sehn Sie was Vernunft, es kann rechnen und kann doch nit an de Finger herzählen, warum? Kann sich nur nit ausdrücke, nur nit explizieren, ist ein verwandelter Mensch! Sag den Herrn, wie viel Uhr es ist. Wer von den Herrn und Damen hat eine Uhr, eine Uhr?

UNTEROFFIZIER: Eine Uhr! *(Zieht großartig und gemessen die Uhr aus der Tasche.)* Da, mein Herr.

MARIE: Das muss ich sehn. *(Sie klettert auf den 1. Platz. Unteroffizier hilft ihr.)*

---

schlagen: fechten

Raison: Verstand

Viehsionomik: Wortspiel; Physiognomik ist die Lehre davon, wie man vom Äußeren eines Menschen auf sein Inneres schließen kann

bête: Tier

explizieren: erklären

Woyzeck

V Kammer

Marie sitzt, ihr Kind auf dem Schoß, ein Stückchen Spiegel in der Hand.

MARIE *bespiegelt sich:* Was die Steine glänze! Was sind's für? Was hat er gesagt? – Schlaf, Bub! Drück die Auge zu, fest, *(das Kind versteckt die Augen hinter den Händen)* noch fester, bleib so, still oder er holt dich. *Singt.*

    Mädel mach's Ladel zu,
    S' kommt e Zigeunerbu,
    Führt dich an deiner Hand
    Fort ins Zigeunerland.

(Spiegelt sich wieder.) S' ist gewiss Gold! Unseins hat nur ein Eckchen in der Welt und ein Stückchen Spiegel und doch hab ich einen so roten Mund als die großen Madamen mit ihren Spiegeln von oben bis unten und ihren schönen Herrn, die ihnen die Händ küssen, ich bin nur ein arm Weibsbild. – *(Das Kind richtet sich auf.)* Still, Bub, die Auge zu, das Schlafengelchen! Wie's an der Wand läuft, *(sie blinkt mit dem Glas)* die Auge zu, oder es sieht dir hinein, dass du blind wirst.

Woyzeck tritt herein, hinter sie.
Sie fährt auf mit den Händen nach den Ohren.
WOYZECK: Was hast du?
MARIE: Nix.
WOYZECK: Unter deinen Fingern glänzt's ja.
MARIE: Ein Ohrringlein; hab's gefunden.
WOYZECK: Ich hab so noch nix gefunden. Zwei auf einmal.
MARIE: Bin ich ein Mensch?
WOYZECK: S' ist gut, Marie. – Was der Bub schläft. Greif ihm unter's Ärmchen, der Stuhl drückt ihn. Die hellen Tropfen steh'n ihm auf der Stirn; alles Arbeit unter der Sonn, sogar Schweiß im Schlaf. Wir arme Leut! Da is

Ladel: Fensterladen

Mensch: hier abwertend Dirne, Hure

Der Hauptmann. Woyzeck

wieder Geld, Marie, die Löhnung und was von meinm Hauptmann.

MARIE: Gott vergelt's, Franz.

WOYZECK: Ich muss fort. Heut Abend, Marie. Adies.

MARIE *(allein, nach einer Pause):* Ich bin doch ein schlecht Mensch. Ich könnt mich erstechen. – Ach! Was Welt? Geht doch alles zum Teufel, Mann und Weib.

Der Hauptmann. Woyzeck

Hauptmann auf einem Stuhl, Woyzeck rasiert ihn.

HAUPTMANN: Langsam, Woyzeck, langsam; eins nach dem andern. Er macht mir ganz schwindlig. Was soll ich dann mit den zehn Minuten anfangen, die Er heut zu früh fertig wird? Woyzeck, bedenk Er, Er hat noch seine schöne dreißig Jahr zu leben, dreißig Jahr! macht 360 Monate, und Tage, Stunden, Minuten! Was will Er denn mit der ungeheuren Zeit all anfangen? Teil Er sich ein, Woyzeck.

WOYZECK: Jawohl, Herr Hauptmann.

HAUPTMANN: Es wird mir ganz angst um die Welt, wenn ich an die Ewigkeit denke. Beschäftigung, Woyzeck, Beschäftigung! Ewig. das ist ewig, das ist ewig, das siehst du ein; nun ist es aber wieder nicht ewig und das ist ein Augenblick, ja, ein Augenblick – Woyzeck, es schaudert mich, wenn ich denk, dass sich die Welt in einem Tag herumdreht, was 'ne Zeitverschwendung, wo soll das hinaus? Woyzeck, ich kann kein Mühlrad mehr sehn, oder ich werd melancholisch.

melancholisch: schwermütig

WOYZECK: Ja wohl, Herr Hauptmann.

HAUPTMANN: Woyzeck, Er sieht immer so verhetzt aus. Ein guter Mensch tut das nicht, ein guter Mensch, der sein gutes Gewissen hat. – Red Er doch was, Woyzeck. Was ist heut für Wetter?

Woyzeck

WOYZECK: Schlimm, Herr Hauptmann, schlimm; Wind.

HAUPTMANN: Ich spür's schon, s' ist so was Geschwindes draußen; so ein Wind macht mir den Effekt wie eine Maus. *(Pfiffig.)* Ich glaub, wir haben so was aus Süd-Nord.

WOYZECK: Jawohl, Herr Hauptmann.

HAUPTMANN: Hahaha! Süd-Nord! Hahaha! Oh, Er ist dumm, ganz abscheulich dumm. *(Gerührt.)* Woyzeck, Er ist ein guter Mensch, ein guter Mensch – aber *(mit Würde)* Woyzeck, Er hat keine Moral! Moral, das ist, wenn man moralisch ist, versteht Er. Es ist ein gutes Wort. Er hat ein Kind, ohne den Segen der Kirche, wie unser hochehrwürdiger Herr Garnisonsprediger sagt, ohne den Segen der Kirche, es ist nicht von mir.

WOYZECK: Herr Hauptmann, der liebe Gott wird den armen Wurm nicht drum ansehn, ob das Amen drüber gesagt ist, eh' er gemacht wurde. Der Herr sprach: Lasset die Kindlein zu mir kommen.

HAUPTMANN: Was sagt Er da? Was ist das für 'ne kuriose Antwort? Er macht mich ganz konfus mit seiner Antwort. Wenn ich sag: Er, so mein ich Ihn, Ihn.

WOYZECK: Wir arme Leut. Sehn Sie, Herr Hauptmann, Geld, Geld. Wer kein Geld hat. Da setz einmal einer seinsgleichen auf die Moral in die Welt. Man hat auch sein Fleisch und Blut. Unseins ist doch einmal unselig in der und der andern Welt, ich glaub, wenn wir in Himmel kämen, so müssten wir donnern helfen.

HAUPTMANN: Woyzeck Er hat keine Tugend, Er ist kein tugendhafter Mensch. Fleisch und Blut? Wenn ich am Fenster lieg, wenn's geregnet hat, und den weißen Strümpfen so nachsehe, wie sie über die Gassen springen – verdammt, Woyzeck – da kommt mir die Liebe. Ich hab auch Fleisch und Blut. Aber Woyzeck, die Tugend, die Tugend! Wie sollte ich dann die Zeit herum-

Kammer

bringen? Ich sag mir immer: Du bist ein tugendhafter Mensch, *(gerührt)* ein guter Mensch, ein guter Mensch.
WOYZECK: Ja, Herr Hauptmann, die Tugend! Ich hab's noch nicht so aus. Sehn Sie, wir gemeine Leut, das hat keine Tugend, es kommt einem nur so die Natur, aber wenn ich ein Herr wär und hätt ein Hut und eine Uhr und eine Anglaise und könnt vornehm reden, ich wollt schon tugendhaft sein. Es muss was Schöns sein um die Tugend, Herr Hauptmann. Aber ich bin ein armer Kerl.
HAUPTMANN: Gut, Woyzeck. Du bist ein guter Mensch, ein guter Mensch. Aber du denkst zu viel, das zehrt, du siehst immer so verhetzt aus. Der Diskurs hat mich ganz angegriffen. Geh jetzt und renn nicht so; langsam, hübsch langsam die Straße hinunter.

Anglaise: Gehrock

Diskurs: Gespräch

Kammer

Marie. Tambourmajor
TAMBOURMAJOR: Marie!
MARIE *ihn ansehend, mit Ausdruck:* Geh einmal vor dich hin. – Über die Brust wie ein Rind und ein Bart wie ein Löw – So ist keiner – Ich bin stolz vor allen Weibern.
TAMBOURMAJOR: Wenn ich am Sonntag erst den großen Federbusch hab und die weiße Handschuh, Donnerwetter, Marie, der Prinz sagt immer: Mensch, Er ist ein Kerl.
MARIE *spöttisch:* Ach was! *(Tritt vor ihn hin.)* Mann!
TAMBOURMAJOR: Und du bist auch ein Weibsbild. Sapperment, wir wollen eine Zucht von Tambourmajors anlegen. He? *(Er umfasst sie.)*
MARIE *verstimmt:* Lass mich!
TAMBOURMAJOR: Wild Tier.
MARIE *heftig:* Rühr mich an!
TAMBOURMAJOR: Sieht dir der Teufel aus den Augen?

Sapperment: Ausruf des Erstaunens

Rühr mich an! *hier drohend* Wenn du mich anrührst, dann …

Woyzeck

MARIE: Meintwegen. Es ist alles eins.

 Auf der Gasse

Marie. Woyzeck
WOYZECK *sieht sie starr an, schüttelt den Kopf:* Hm! Ich seh nichts, ich seh nichts. Oh, man müsst's sehen, man müsst's greifen könne mit Fäusten.
MARIE *verschüchtert:* Was hast du, Franz? Du bist hirnwütig, Franz.

hirnwütig: verrückt, wahnsinnig

WOYZECK: Eine Sünde so dick und so breit. Es stinkt, dass man die Engelchen zum Himmel hinausrauche könnt. Du hast ein rote Mund, Marie. Keine Blase drauf? Adieu, Marie, du bist schön wie die Sünde –. Kann die Todsünde so schön sein?
MARIE: Franz, du red'st im Fieber.
WOYZECK: Teufel! – Hat er da gestande, so, so?
MARIE: Dieweil der Tag lang und die Welt alt ist, könn' viel Mensche an eim Plaz stehn, einer nach dem andern.
WOYZECK: Ich hab ihn gesehn.
MARIE: Man kann viel sehn, wenn man zwei Auge hat und man nicht blind ist und die Sonn scheint.
WOYZECK: Mit diesen Augen!
MARIE *keck:* Und wenn auch.

 Beim Doktor

Woyzeck. Der Doktor
DOKTOR: Was erleb ich, Woyzeck? Ein Mann von Wort.
WOYZECK: Was denn, Herr Doktor?
DOKTOR: Ich hab's gesehn, Woyzeck; Er hat auf die Straß gepisst, an die Wand gespisst wie ein Hund. Und doch zwei Groschen täglich. Woyzeck, das ist schlecht. Die Welt wird schlecht, sehr schlecht.

Beim Doktor

WOYZECK: Aber, Herr Doktor, wenn einem die Natur kommt.

DOKTOR: Die Natur kommt, die Natur kommt! Die Natur! Hab ich nicht nachgewiesen, dass der musculus constrictor vesicae dem Willen unterworfen ist? Die Natur! Woyzeck, der Mensch ist frei, in dem Menschen verklärt sich die Individualität zur Freiheit. Den Harn nicht halten können! *(Schüttelt den Kopf, legt die Hände auf den Rücken und geht auf und ab.)* Hat Er schon seine Erbsen gegessen, Woyzeck? – Es gibt eine Revolution in der Wissenschaft, ich sprenge sie in die Luft. Harnstoff 0,10, salzsaures Ammonium, Hyperoxydul.
Woyzeck, muss Er nicht wieder pissen? Geh Er eimal hinein und probier Er's.

> musculus constrictor vesicae: Blasenschließmuskel

WOYZECK: Ich kann nit, Herr Doktor.

DOKTOR *mit Affekt:* Aber an die Wand pissen! Ich hab's schriftlich, den Akkord in der Hand. Ich hab's gesehn, mit diesen Augen gesehn, ich steckt grade die Nase zum Fenster hinaus und ließ die Sonnstrahlen hineinfallen, um das Niesen zu beobachten. *(Tritt auf ihn los.)* Nein, Woyzeck, ich ärgre mich nicht, Ärger ist ungesund, ist unwissenschaftlich. Ich bin ruhig, ganz ruhig, mein Puls hat seine gewöhnlichen 60 und ich sag's Ihm mit der größten Kaltblütigkeit. Behüte, wer wird sich über einen Menschen ärgern, ein Menschen! Wenn es noch ein Proteus wäre, der einem krepiert! Aber Er hätte doch nicht an die Wand pissen sollen –

> mit Affekt: erregt
>
> Akkord: Einverständniserklärung
>
> Proteus: *hier* Eidechse

WOYZECK: Sehn Sie, Herr Doktor, manchmal hat einer so 'nen Charakter, so 'ne Struktur. – Aber mit der Natur ist's was anders, sehn Sie, mit der Natur *(er kracht mit den Fingern),* das ist so was, wie soll ich doch sagen, zum Beispiel ...

DOKTOR: Woyzeck, Er philosophiert wieder.

Woyzeck

WOYZECK *vertraulich:* Herr Doktor, haben Sie schon was von der doppelten Natur gesehn? Wenn die Sonn in Mittag steht und es ist, als ging die Welt in Feuer auf, hat schon eine fürchterliche Stimme zu mir geredt!

DOKTOR: Woyzeck, Er hat eine aberratio.

WOYZECK *(legt den Finger an die Nase):* Die Schwämme Herr Doktor. Da, da steckt's. Haben Sie schon gesehn, in was für Figuren die Schwämme auf dem Boden wachsen? Wer das lesen könnt.

DOKTOR: Woyzeck, Er hat die schönste aberratio mentalis partialis, die zweite Spezies, sehr schön ausgeprägt. Woyzeck, Er kriegt Zulage. Zweite Spezies, fixe Idee, mit allgemein vernünftigem Zustand, Er tut noch alles wie sonst, rasiert sein Hauptmann?

WOYZECK: Jawohl.

DOKTOR: Isst sei Erbse?

WOYZECK: Immer ordentlich, Herr Doktor. Das Geld für die Menage kriegt mei Frau.

DOKTOR: Tut sei Dienst?

WOYZECK: Jawohl.

DOKTOR: Er ist ein interessanter Kasus. Subjekt Woyzeck, Er kriegt Zulag. Halt Er sich brav. Zeig Er sei Puls! Ja.

Randspalte:
doppelte Natur: hellsehen, eine Erscheinung haben
aberratio: hier Geistesstörung
Schwämme: pilzähnliche Gewächse
aberratio mentalis partialis: teilweise Geistesverwirrung
Menage: Verpflegung
Kasus: Fall

Straße

Hauptmann. Doktor

Hauptmann keucht die Straße herunter, hält an, keucht, sieht sich um.

HAUPTMANN: Herr Doktor, die Pferde machen mir ganz Angst; wenn ich denke, dass die armen Bestien zu Fuß gehn müssen. Rennen Sie nicht so. Rudern Sie mit Ihrem Stock nicht so in der Luft. Sie hetzen sich ja hinter dem Tod drein. Ein guter Mensch, der sein gutes Gewissen hat, geht nicht so schnell. Ein guter Mensch. *(Er er-*

Straße

wischt den Doktor am Rock.) Herr Doktor, erlauben Sie, dass ich ein Menschenleben rette, Sie schießen... Herr Doktor, ich bin so schwermütig, ich habe so was Schwärmerisches, ich muss immer weinen, wenn ich meinen Rock an der Wand hängen sehe, da hängt er.

DOKTOR: Hm! aufgedunsen, fett, dicker Hals, apoplektische Konstitution. Ja, Herr Hauptmann, Sie können eine apoplexia cerebralis kriegen, Sie können sie aber vielleicht auch nur auf der einen Seite bekommen, und dann auf der einen gelähmt sein, oder aber Sie können im besten Fall geistig gelähmt werden und nur fortvegetieren, das sind so ohngefähr Ihre Aussichten auf die nächsten vier Wochen. Übrigens kann ich Sie versichern, dass Sie einen von den interessanten Fällen abgeben, und wenn Gott will, dass Ihre Zunge zum Teil gelähmt wird, so machen wir die unsterblichen Experimente.

apoplektische Konstitution: schlaganfallgefährdet

apoplexia cerebralis: Schlaganfall

vegetieren: ärmlich leben

HAUPTMANN: Herr Doktor, erschrecken Sie mich nicht, es sind schon Leute am Schreck gestorben, am bloßen hellen Schreck. – Ich seh schon die Leute mit den Zitronen in den Händen, aber sie werden sagen, er war ein guter Mensch, ein guter Mensch – Teufel Sargnagel.

mit den Zitronen in den Händen: Beerdigungsbrauch

DOKTOR *hält ihm den Hut hin:* Was ist das, Herr Hauptmann? Das ist Hohlkopf!

HAUPTMANN *macht eine Falte:* Was ist das, Herr Doktor? Das ist Einfalt.

DOKTOR: Ich empfehle mich, geehrtester Herr Exerzierzagel.

HAUPTMANN: Gleichfalls, bester Herr Sargnagel.

Woyzeck kommt die Straße heruntergerannt.

HAUPTMANN: He, Woyzeck, was hetzt Er sich so an uns vorbei? Bleib Er doch, Woyzeck, Er läuft ja wie ein offnes Rasiermesser durch die Welt, man schneidt sich an

Woyzeck

Ihm, Er läuft, als hätt Er ein Regiment Kastrierte zu rasiern und würd gehenkt über dem letzten Haar noch vorm Verschwinden – aber, über die langen Bärte, was wollt ich doch sagen? Woyzeck – die langen Bärte ...

DOKTOR: Ein langer Bart unter dem Kinn, schon Plinius spricht davon, man muss es den Soldaten abgewöhnen, du, du ...

HAUPTMANN *fährt fort:* Hä? über die langen Bärte? Wie is Woyzeck, hat Er noch nicht ein Haar aus eim Bart in seiner Schüssel gefunden? He, Er versteht mich doch, ein Haar von einem Menschen, vom Bart eines Sapeur, eines Unteroffizier, eines – eines Tambourmajor? He Woyzeck? Aber Er hat eine brave Frau. Geht Ihm nicht wie andern.

WOYZECK: Jawohl! Was wollen Sie sagen Herr Hauptmann?

HAUPTMANN: Was der Kerl ein Gesicht macht! muss nun auch nicht in der Suppe sein, aber wenn Er sich eilt und um die Eck geht, so kann Er vielleicht noch auf Paar Lippen eins finden, ein Paar Lippen, Woyzeck, ich habe auch die Liebe gefühlt, Woyzeck. Kerl, Er ist ja kreideweiß.

WOYZECK: Herr Hauptmann, ich bin ein arm Teufel – und hab sonst nichts auf der Welt, Herr Hauptmann, wenn Sie Spaß machen –

HAUPTMANN: Spaß ich, dass dich Spaß, Kerl!

DOKTOR: Den Puls Woyzeck, den Puls, klein, hart, hüpfend, unregelmäßig.

WOYZECK: Herr Hauptmann, die Erd ist höllenheiß, mir eiskalt! Eiskalt, die Hölle ist kalt, wollen wir wetten. Unmöglich, Mensch! Mensch! Unmöglich.

HAUPTMANN: Kerl, will Er erschossen werden, will Er ein Paar Kugeln vor den Kopf haben? Er ersticht mich mit

Plinius: Historiker und Schriftsteller (ca. 23–79 n. Chr.),

Sapeur: Soldat für Schanzarbeit

Die Wachtstube

seinen Augen, und ich mein's gut mit Ihm, weil Er ein guter Mensch ist, Woyzeck, ein guter Mensch.

DOKTOR: Gesichtsmuskeln starr, gespannt, zuweilen hüpfend, Haltung aufgerichtet, gespannt.

WOYZECK: Ich geh! Es ist viel möglich. Der Mensch! Es ist viel möglich. Wir habe schön Wetter, Herr Hauptmann. Sehn Sie, so ein schön, festen groben Himmel, man könnte Lust bekomm, ein Kloben hineinzuschlagen und sich daran zu hänge, nur wege des Gedankenstrichels zwischen ja und wieder ja – und nein, Herr, Herr Hauptmann ja und nein? Ist das Nein am Ja oder das Ja am Nein schuld? Ich will drüber nachdenke. *(Geht mit breiten Schritten ab, erst langsam, dann immer schneller.)*

DOKTOR *(schießt ihm nach):* Phänomen, Woyzeck, Zulage.

HAUPTMANN: Mir wird ganz schwindlig vor den Menschen, wie schnell, der lange Schlingel greift aus, es läuft der Schatten von einem Spinnbein, und der Kurze, – das zuckelt. Der Lange ist der Blitz und der Kleine der Donner. Haha, hinterdrein. Grotesk! grotesk!

> Kloben: Werkzeug aus Eisen

Die Wachtstube

Woyzeck. Andres

ANDRES *singt:*
> Frau Wirtin hat 'ne brave Magd,
> Sie sitzt im Garten Tag und Nacht,
> Sie sitzt in ihrem Garten ...

WOYZECK: Andres!

ANDRES: Nu?

WOYZECK: Schön Wetter.

ANDRES: Sonntagsonnwetter. Musik vor der Stadt. Vorhin sind die Weibsbilder hinaus, die Mensche dampfe, das geht.

WOYZECK *unruhig:* Tanz, Andres, sie tanze.

Woyzeck

ANDRES: Im Rössel und im Sternen.
WOYZECK: Tanz, Tanz.
ANDRES: Meintwege.
   Sie sitzt in ihrem Garten,
   Bis dass das Glöcklein zwölfe schlägt,
   Und passt auf die Solda-aten.
WOYZECK: Andres, ich hab kei Ruh.
ANDRES: Narr!
WOYZECK: Ich muss hinaus. Es dreht sich mir vor den Augen. Tanz. Tanz. Was sie heiße Händ habe. Verdammt, Andres!
ANDRES: Was willst du?
WOYZECK: Ich muss fort.
ANDRES: Mit dem Mensch.
WOYZECK: Ich muss hinaus, s' ist so heiß da hie.

XII Wirtshaus

Die Fenster offen, Tanz. Bänke vor dem Haus. Bursche
ERSTER HANDWERKSBURSCH:
   Ich hab ein Hemdlein an, das ist nicht mein,
   Meine Seele stinkt nach Brandewein ...
ZWEITER HANDWERKSBURSCH: Bruder, soll ich dir aus Freundschaft ein Loch in die Natur machen? Vorwärts! Ich will ein Loch in die Natur machen. Ich bin auch ein Kerl, du weißt, ich will ihm alle Flöh am Leib totschlagen.

ein Loch in d Natur mache mit dem Mes verletzen

ERSTER HANDWERKSBURSCH: Meine Seele, mei Seele stinkt nach Brandewein. Selbst das Geld geht in Verwesung über. Vergissmeinnicht! Wie ist diese Welt so schön. Bruder, ich muss ein Regenfass voll greinen. Ich wollt, unse Nase wärn zwei Bouteille und wir könnte sie uns einander in de Hals gießen.

greinen: weinen

Bouteille: Flasche

Wirtshaus

ANDRE *im Chor:*
>Ein Jäger aus der Pfalz
>Ritt einst durch ein grünen Wald.
>Hallihallo!, gar lustig ist die Jägerei
>Allhier auf grüner Heid.
>Das Jagen ist mei Freud.

Woyzeck stellt sich ans Fenster. Marie und der Tambourmajor tanzen vorbei, ohne ihn zu bemerken.
MARIE *im Vorbeitanzen:* Immer zu, immer zu.
WOYZECK *erstickt:* Immer zu! – immer zu! *(fährt heftig auf und sinkt zurück auf die Bank.)* immer zu, immer zu, *(schlägt die Hände ineinander)* dreht euch, wälzt euch. Warum bläst Gott nicht die Sonn aus, dass alles in Unzucht sich übernanderwälzt, Mann und Weib, Mensch und Vieh. Tut's am hellen Tag, tut's einem auf den Händen, wie die Mücken. – Weib. – Das Weib ist heiß, heiß! – Immer zu, immer zu. *(Fährt auf.)* Der Kerl! Wie er an ihr herumtappt, an ihrem Leib, er, er hat sie wie ich zu Anfang!

ERSTER HANDWERKSBURSCH *predigt auf dem Tisch:* Jedoch wenn ein Wandrer, der gelehnt steht an dem Strom der Zeit oder aber sich die göttliche Weisheit beantwortet und sich anredet: Warum ist der Mensch? Warum ist der Mensch? – Aber wahrlich ich sage euch, von was hätte der Landmann, der Weißbinder, der Schuster, der Arzt leben sollen, wenn Gott den Menschen nicht geschaffen hätte? Von was hätte der Schneider leben sollen, wenn Er dem Menschen nicht die Empfindung der Scham eingepflanzt, von was der Soldat, wenn Er ihn nicht mit dem Bedürfnis, sich totzuschlagen, ausgerüstet hätte? Darum zweifelt nicht, ja, ja, es ist lieblich und fein, aber alles Irdische ist eitel, selbst das Geld geht in Verwesung über. – Zum Be-

> Weißbinder: Anstreicher

Woyzeck

schluss, meine geliebten Zuhörer, lasst uns noch über's Kreuz pissen, damit ein Jud stirbt.

XIII Freies Feld

WOYZECK: Immer zu! Immer zu! Still, Musik! *(Reckt sich gegen den Boden.)* Ha, was, was sagt ihr? Lauter, lauter – stich, stich die Zickwolfin tot? Stich, stich die Zickwolfin tot. Soll ich? Muss ich? Hör ich's da auch, sagt's der Wind auch? Hör ich's immer, immer zu, stich tot, tot.

Zickwolfin: Gemeint ist h Marie. Umga sprachlich wi manchmal di weibliche En an den Famili namen angehängt, wenn der Frau die ist.

XIV Nacht

Andres und Woyzeck in einem Bett

WOYZECK *schüttelt Andres:* Andres! Andres! Ich kann nit schlafe, wenn ich die Aug' zumach, dreht sich's immer und ich hör die Geigen, immer zu, immer zu, und dann spricht's aus der Wand, hörst du nix?

ANDRES: Ja, – lass sie tanze! Gott behüt uns, Amen. *(Schläft wieder ein.)*

WOYZECK: Es redt immer: stich! stich! und zieht mir zwischen den Augen wie ein Messer.

ANDRES: Du musst Schnaps trinke und Pulver drin, das schneidt das Fieber.

schneiden: senken

XV Wirtshaus

Tambourmajor. Woyzeck. Leute

TAMBOURMAJOR: Ich bin ein Mann! *(schlägt sich auf die Brust)* ein Mann sag ich.

Wer will was? Wer kein besoffen Herrgott ist, der lass sich von mir. Ich will ihm die Nas ins Arschloch prügeln. Ich will – *(zu Woyzeck)* da, Kerl, sauf, der Mann muss saufen, ich wollt die Welt wär Schnaps, Schnaps.

Kammer

Woyzeck pfeift.

TAMBOURMAJOR: Kerl, soll ich dir die Zung aus dem Hals ziehe und sie um den Leib herumwickle? *(Sie ringen, Woyzeck verliert.)* Soll ich dir noch so viel Atem lassen als en Altweiberfurz, soll ich?

Woyzeck setzt sich erschöpft zitternd auf die Bank.

TAMBOURMAJOR: Der Kerl soll dunkelblau pfeifen. Ha. Brandewein, das ist mein Leben, Brandwein gibt Courage

EINE: Der hat sei Fett.

ANDRE: Er blut.

WOYZECK: Eins nach dem andern.

> dunkelblau pfeifen: fast zu Tode gewürgt werden
>
> Courage: Mut
>
> Der hat sei Fett: dem haben wir es gezeigt

Kramladen

Woyzeck. Der Jude

WOYZECK: Das Pistolche ist zu teuer.

JUD: Nu, kauft's oder kauft's nit, was is?

WOYZECK: Was kost das Messer?

JUD: 's ist ganz, grad. Wollt Ihr Euch den Hals mit abschneide? Nu, was is es? Ich geb's Euch so wohlfeil wie ein andrer, Ihr sollt Euern Tod wohlfeil haben, aber doch nit umsonst. Was is es? Er soll nen ökonomischen Tod habe.

WOYZECK: Das kann mehr als Brot schneide.

JUD: Zwee Grosche.

WOYZECK: Da! *(Geht ab.)*

JUD: Da! Als ob's nichts wär. Und s' is doch Geld. Der Hund.

> zwee Grosche: zwei Groschen (etwa ein Tageslohn Woyzecks)

Kammer

Marie. Der Narr

MARIE *blättert in der Bibel:* »Und ist kein Betrug in seinem Munde erfunden« – Herrgott! Herrgott! Sieh mich nicht

Woyzeck

an. *(Blättert weiter.)* »Aber die Pharisäer brachten ein Weib zu ihm, im Ehebruch begriffen und stellten sie ins Mittel dar. – Jesus aber sprach: So verdamme ich dich auch nicht. Geh hin und sündige hinfort nicht mehr.« *(Schlägt die Hände zusammen.)* Herrgott! Herrgott! Ich kann nicht. Herrgott, gib mir nur so viel, dass ich beten kann. *(Das Kind drängt sich an sie.)* Das Kind gibt mir einen Stich ins Herz. Karl! Das brüst sich in der Sonne!

<small>Pharisäer: jüdische theologische Sch... im NT oft: Heuchler</small>

NARR *liegt und erzählt sich Märchen an den Fingern:* Der hat die golden Kron, der Herr König. Morgen hol ich der Frau Königin ihr Kind. Blutwurst sagt: komm, Leberwurst! *(Er nimmt das Kind und wird still.)*

MARIE: Der Franz ist nit gekomm, gestern nit, heut nit, es wird heiß hier. *(Sie macht das Fenster auf.)*

»Und trat hinein zu seinen Füßen und weinete und fing an, seine Füße zu netzen mit Tränen und mit den Haaren ihres Hauptes zu trocknen, und küssete seine Füße und salbete sie mit Salben.« *(Schlägt sich auf die Brust.)* Alles tot! Heiland, Heiland, ich möchte dir die Füße salben.

XVIII Kaserne

Andres. Woyzeck kramt in seinen Sachen.

WOYZECK: Das Kamisolche, Andres, ist nit zur Montur, du kannst's brauche, Andres. Das Kreuz is meiner Schwester und das Ringlein, ich hab auch noch ein Heiligen, zwei Herze und schön Gold, es lag in meiner Mutter Bibel, und da steht:

<small>Kamisol: Unterjacke

Montur: Uniform</small>

    Leiden sei all mein Gewinst,
    Leiden sei mein Gottesdienst.
    Herr, wie dein Leib war rot und wund,
    So lass mein Herz sein aller Stund.

<small>Gewinst: Gewinn</small>

Der Hof des Doktors

Mei Mutter fühlt nur noch, wenn ihr die Sonn auf die Händ scheint. Das tut nix.

ANDRES *ganz starr, sagt zu allem:* Jawohl.

WOYZECK *zieht ein Papier hervor:* Friedrich Johann Franz Woyzeck, Wehrmann, Füsilier im 2. Regiment, 2. Bataillon, 4. Compagnie, geb. Mariä Verkündigung, ich bin heut alt 30 Jahr, 7 Monat und 12 Tage.

ANDRES: Franz, du kommst ins Lazarett. Armer, du musst Schnaps trinke und Pulver drin, das töt das Fieber.

WOYZECK: Ja Andres, wann der Schreiner die Hobelspän sammlet, es weiß niemand, wer sein Kopf drauf lege wird.

Füsilier: Fußsoldat

Mariä Verkündigung: 25. März

Der Hof des Doktors

Studenten unten, der Doktor am Dachfenster

DOKTOR: Meine Herrn, ich bin auf dem Dach, wie David, als er die Bathseba sah; aber ich sehe nichts als die Culs de Paris der Mädchenpension im Garten trocknen. Meine Herrn, wir sind an der wichtigen Frage über das Verhältnis des Subjekts zum Objekt. Wenn wir nur eins von den Dingen nehmen, worin sich die organische Selbstaffirmation des Göttlichen auf einem so hohen Standpunkte manifestiert, und ihr Verhältnis zum Raum, zur Erde, zum Planetarischen untersuchen, meine Herrn, wenn ich diese Katze zum Fenster hinauswerfe, wie wird diese Wesenheit sich zum centrum gravitationis und dem eigenen Instinkt verhalten? He Woyzeck, *(brüllt)* Woyzeck!

WOYZECK: Herr Doktor, sie beißt.

DOKTOR: Kerl, er greift die Bestie so zärtlich an, als wär's seine Großmutter.

WOYZECK: Herr Doktor, ich hab's Zittern.

David: vgl. AT, 2. Buch Samuel: König David sieht Bathseba vom Dach seines Hauses aus und bewegt sie dazu, mit ihm zu schlafen, obwohl sie verheiratet ist.

Culs de Paris: Polster, das Frauen unter ihren Kleidern trugen, um das Gesäß wuchtiger erscheinen zu lassen

centrum gravitationis: Schwerpunkt (von Körpern)

Woyzeck

DOKTOR *ganz erfreut:* Ei, ei!, schön, Woyzeck. *(Reibt sich die Hände. Er nimmt die Katze.)* Was seh ich, meine Herrn, die neue Spezies Hasenlaus, eine schöne Spezies, *(er zieht eine Lupe heraus)* meine Herren – *(die Katze läuft fort)* meine Herrn, das Tier hat keinen wissenschaftlichen Instinkt. Meine Herrn, Sie können dafür was anders sehen, sehn Sie, der Mensch, seit einem Vierteljahr isst er nichts als Erbsen, beachten Sie die Wirkung, fühlen Sie einmal, was ein ungleicher Puls, da und die Augen.

WOYZECK: Herr Doktor, es wird mir dunkel. *(Er setzt sich.)*

DOKTOR: Courage! Woyzeck, noch ein paar Tage, und dann ist's fertig, fühlen Sie, meine Herrn, fühlen Sie. *(Sie betasten ihm Schläfe, Puls und Busen.)* Àpropos, Woyzeck, beweg den Herrn doch einmal die Ohren, ich hab es Ihnen schon zeigen wollen. Zwei Muskeln sind bei ihm tätig. Allons, frisch!

àpropos: übrigens

WOYZECK: Ach, Herr Doktor!

Allons: Auf geht's!

DOKTOR: Bestie, soll ich dir die Ohren bewegen, willst du's machen wie die Katze! So, meine Herrn, das sind so Übergänge zum Esel, häufig auch infolge weiblicher Erziehung und die Muttersprache. Wie viel Haare hat dir die Mutter zum Andenken schon ausgerissen aus Zärtlichkeit? Sie sind dir ja ganz dünn geworden, seit ein paar Tagen, ja, die Erbsen, meine Herrn.

XIV Marie mit Mädchen vor der Haustür

MÄDCHEN:

Wie scheint die Sonn St. Lichtmesstag
Und steht das Korn im Blühn.
Sie gingen wohl die Straße hin,
Sie gingen zu zwei und zwein.
Die Pfeifer gingen vorn,

St. Lichtmess: 2. Februar

Marie mit Mädchen vor der Haustür

Die Geiger hintedrein.
Sie hatte rote Sock ...
ERSTES KIND: 's ist nit schön.
ZWEITES KIND: Was willst du auch immer!
DRITTES KIND: Was hast zuerst anfangen?
ZWEITES KIND: Warum?
ERSTES KIND: Darum!
ZWEITES KIND: Aber warum darum?
DRITTES KIND: Es muss singen – ? *(Sieht sich fragend im Kreise um und zeigt auf das 1. Kind.)*
ERSTES KIND: Ich kann nit.
ALLE KINDER: Marieche, sing du uns.
MARIE: Kommt ihr klei Krabben!
Ringle, ringel Rosenkranz. König Herodes.
Großmutter erzähl.
GROSSMUTTER: Es war einmal ein arm Kind und hat kei Vater und kei Mutter, war alles tot und war niemand mehr auf der Welt. Alles tot, und es ist hingangen und hat greint Tag und Nacht. Und weil auf der Erd niemand mehr war, wollt's in Himmel gehn, und der Mond guckt es so freundlich an und wie's endlich zum Mond kam, war's ein Stück faul Holz und da ist es zur Sonn gangen, und wie's zur Sonn kam, war's ein verreckt Sonneblum, und wie's zu den Sterne kam, warens klei golde Mück, die waren angesteckt, wie der Neuntöter sie auf die Schlehe steckt, und wie's wieder auf die Erd wollt, war die Erd ein umgestürzter Hafen und war ganz allein und da hat sich's hingesetzt und geweint und da sitzt es noch und ist ganz allein.
WOYZECK: Marie!
MARIE *erschreckt:* Was ist?
WOYZECK: Marie, wir wolln gehn. 's ist Zeit.
MARIE: Wohinaus?
WOYZECK: Weiß ich's?

Neuntöter: Vogel, der seine Beute auf den Dornen von Büschen aufspießt

Hafen: *hier* Topf

Woyzeck

XVI Abend. Die Stadt in der Ferne

Marie und Woyzeck
MARIE: Also dort hinaus ist die Stadt. 's ist finster.
WOYZECK: Du sollst noch bleiben. Komm, setz dich.
MARIE: Aber ich muss fort.
WOYZECK: Du wirst dir die Füß nicht wund laufen.
MARIE: Wie bist du nur auch!
WOYZECK: Weißt du auch, wie lang es just ist, Marie?
MARIE: An Pfingsten zwei Jahr.
WOYZECK: Weißt du auch, wie lang es noch sein wird?
MARIE: Ich muss fort, das Nachtessen richten.
WOYZECK: Friert's dich, Marie, und doch bist du warm. Was du heiße Lippen hast! (heiß, heiß Hurenatem, und doch möcht' ich den Himmel geben, sie noch eimal zu küssen) und wenn man kalt ist, so friert man nicht mehr. Du wirst vom Morgentau nicht frieren.
MARIE: Was sagst du?
WOYZECK: Nix. *(Schweigen.)*
MARIE: Was der Mond rot aufgeht.
WOYZECK: Wie ein blutig Eisen.
MARIE: Was hast du vor? Franz, du bist so blass. *(Er zieht das Messer.)* Franz halt! Um des Himmels willen, Hü – Hülfe!
WOYZECK: Nimm das und das! Kannst du nicht sterben? So! so! Ha, sie zuckt noch, noch nicht, noch nicht? Immer noch? *(Stößt zu.)* Bist du tot? Tot! Tot! *(Es kommen Leute, läuft weg.)*

XVII Es kommen Leute

ERSTE PERSON: Halt!
ZWEITE PERSON: Hörst du? Still! Da!
ERSTE PERSON: Uu! Da! Was ein Ton.

Das Wirtshaus

ZWEITE PERSON: Es ist das Wasser, es ruft, schon lang ist niemand ertrunken. Fort, 's ist nicht gut, es zu hören.
ERSTE PERSON: Uh!, jetzt wieder. Wie ein Mensch, der stirbt.
ZWEITE PERSON: Es ist unheimlich, so dunstig, allenthalb Nebel, grau und das Summen der Käfer wie gesprungne Glocken. Fort!
ERSTE PERSON: Nein, zu deutlich, zu laut. Dahinauf. Komm mit.

Das Wirtshaus

WOYZECK: Tanzt alle, immer zu, schwitzt und stinkt, er holt euch doch eimal alle. *Singt:*
> Frau Wirtin hat 'ne brave Magd,
> Sie sitzt im Garten Tag und Nacht,
> Sie sitzt in ihrem Garten,
> Bis dass das Glöcklein zwölfe schlägt,
> Und passt auf die Soldaten.

(Er tanzt.) So Käthe! Setz dich! Ich hab heiß, heiß, *(er zieht den Rock aus)* es ist einmal so, der Teufel holt die eine und lässt die andre laufen. Käthe, du bist heiß! Warum denn? Käthe, du wirst auch noch kalt werden. Sei vernünftig. Kannst du nicht singen?
KÄTHE:
> Ins Schwabeland, das mag ich nicht,
> Und lange Kleider trag ich nicht,
> Denn lange Kleider, spitze Schuh,
> Die kommen keiner Dienstmagd zu.

WOYZECK: Nein, keine Schuh, man kann auch ohne Schuh in die Höll gehn.
KÄTHE *tanzt:*
> O pfui mein Schatz, das war nicht fein.
> Behalt dei Taler und schlaf allein.

Woyzeck

WOYZECK: Ja wahrhaftig! Ich möchte mich nicht blutig machen.
KÄTHE: Aber was hast du an deiner Hand?
WOYZECK: Ich? Ich?
KÄTHE: Rot, Blut! *(Es stellen sich Leute um sie.)*
WOYZECK: Blut? Blut.
WIRT: Uh! Blut.
WOYZECK: Ich glaub, ich hab mich geschnitten, da an der rechten Hand.
WIRT: Wie kommt's aber an den Ellenbogen?
WOYZECK: Ich hab's abgewischt.
WIRT: Was mit der rechten Hand an den rechten Ellenbogen? Ihr seid geschickt.
NARR: Und da hat der Ries gesagt: ich riech, ich riech, ich riech Menschefleisch. Puh! Das stinkt schon.
WOYZECK: Teufel, was wollt ihr? Was geht's euch an? Platz! Oder der erste – Teufel! Meint ihr, ich hätt jemand umgebracht? Bin ich Mörder? Was gafft ihr! Guckt euch selbst an! Platz da! *Er läuft hinaus.*

Abend. Die Stadt in der Ferne

Woyzeck allein

WOYZECK: Das Messer? Wo ist das Messer? Ich hab es dagelassen. Es verrät mich! Näher, noch näher! Was ist das für ein Platz? Was hör ich? Es rührt sich was. Still. Da in der Nähe. Marie? Ha, Marie! Still. Alles still! (Was bist du so bleich, Marie? Was hast du eine rote Schnur um den Hals? Bei wem hast du das Halsband verdient, mit deinen Sünden? Du warst schwarz davon, schwarz! Hab ich dich jetzt gebleicht. Was hänge die schwarze Haar so wild? Hast du die Zöpfe heut nicht geflochten?) Da liegt was! Kalt, nass, stille. Weg von dem Platz. Das Mes-

---

Da hat der Ries gesagt: ich riech Menschefleisch Zitat aus dem Märchen *Der kleine Däumling* (1697) von Charles Perrault

Gerichtsdiener. Arzt. Richter

ser, das Messer, hab ich's? So! Leute. – Dort. *(Er läuft weg.)*

Woyzeck an einem Teich

WOYZECK: So, da hinunter! *(Er wirft das Messer hinein)* Es taucht in das dunkle Wasser, wie ein Stein! Der Mond ist wie ein blutig Eisen! Will denn die ganze Welt es ausplaudern? Nein, es liegt zu weit vorn, wenn sie sich baden, *(er geht in den Teich und wirft weit)* so jetzt – aber im Sommer, wenn sie tauchen nach Muscheln, bah! es wird rostig. Wer kann's erkennen – hätt ich es zerbrochen! Bin ich noch blutig? Ich muss mich waschen. Da ein Fleck und da noch einer.

Straße

Kinder

ERSTES KIND: Fort! Mariechen!
ZWEITES KIND: Was is?
ERSTES KIND: Weißt du's nit? Sie sind schon alle hinaus. Drauß liegt eine!
ZWEITES KIND: Wo?
ERSTES KIND: Links über die Lochschanz in dem Wäldche, am roten Kreuz.

Lochschanz: Schießschanze

ZWEITES KIND: Fort, dass wir noch was sehen. Sie tragen's sonst hinein.

Gerichtsdiener. Arzt. Richter

GERICHTSDIENER: Ein guter Mord, ein echter Mord, ein schöner Mord, so schön als man ihn nur verlangen tun kann, wir haben schon lange so kein gehabt.

Woyzeck

Der Idiot. Das Kind. Woyzeck

KARL *hält das Kind vor sich auf dem Schoß:* Der is ins Wasser gefalln, der is ins Wasser gefalln, wie, der is ins Wasser gefalln.

WOYZECK: Bub, Christian.

KARL *sieht ihn starr an:* Der is ins Wasser gefalln.

WOYZECK *will das Kind liebkosen, es wendet sich weg und schreit:* Herrgott!

KARL: Der is ins Wasser gefalln.

WOYZECK: Christianche, du bekommst en Reuter, sasa! *(Das Kind wehrt sich. Zu Karl:)* Da kauf dem Bub en Reuter.

Reuter: Reiter, *hier* Steckenpferd

KARL *sieht ihn starr an.*

WOYZECK: Hopp! Hopp! Ross.

KARL *jauchzend:* Hopp! Hopp! Ross! Ross! *Läuft mit dem Kind weg.*

Der Hessische Landbote

Erste Botschaft

Darmstadt, im Juli 1834.

Vorbericht

Dieses Blatt soll dem hessischen Lande die Wahrheit melden, aber wer die Wahrheit sagt, wird gehenkt, ja sogar der, welcher die Wahrheit liest, wird durch meineidige Richter vielleicht gestraft. Darum haben die, welchen dies Blatt zukommt, Folgendes zu beobachten:
1. *Sie müssen das Blatt sorgfältig außerhalb ihres Hauses vor der Polizei verwahren;*
2. *sie dürfen es nur an treue Freunde mitteilen;*
3. *denen, welchen sie nicht trauen, wie sich selbst, dürfen sie es nur heimlich hinlegen;*
4. *würde das Blatt dennoch bei einem gefunden, der es gelesen hat, so muss er gestehen, dass er es eben dem Kreisrat habe bringen wollen;*
5. *wer das Blatt nicht gelesen hat, wenn man es bei ihm findet, der ist natürlich ohne Schuld.*

Friede den Hütten! Krieg den Palästen!

Im Jahr 1834 sieht es aus, als würde die Bibel Lügen gestraft. Es sieht aus, als hätte Gott die Bauern und Handwerker am 5ten Tage und die Fürsten und Vornehmen am 6ten gemacht, und als hätte der Herr zu diesen gesagt: Herrschet über alles Getier, das auf Erden kriecht, und hätte die Bauern und Bürger zum Gewürm gezählt. Das Leben der *Vornehmen* ist ein langer Sonntag, sie wohnen in schönen Häusern, sie tragen zierliche Kleider, sie haben feiste Gesichter und reden eine eigne Sprache; das Volk aber liegt vor ihnen wie Dünger auf dem Acker. Der Bauer geht hin-

Der Hessische Landbote

ter dem Pflug, der Vornehme aber geht hinter ihm und dem Pflug und treibt ihn mit den Ochsen am Pflug, er nimmt das Korn und lässt ihm die Stoppeln. Das Leben des Bauern ist ein langer Werktag; Fremde verzehren seine Äcker vor seinen Augen, sein Leib ist eine Schwiele, sein Schweiß ist das Salz auf dem Tische des *Vornehmen*.

Im Großherzogtum Hessen sind 718 373 Einwohner, die geben an den Staat jährlich an 6 363 436 Gulden, als

1) Direkte Steuern	2 128 131 fl.
2) Indirekte Steuern	2 478 264 "
3) Domänen	1 547 394 "
4) Regalien	46 938 "
5) Geldstrafen	98 511 "
6) Verschiedene Quellen	64 198 "
	6 363 436 fl.

Gulden: Goldmünze, Abkürzung fl (florenus aure Florentiner G€

Dies Geld ist der Blutzehnte, der von dem Leib des Volkes genommen wird. An 700 000 Menschen schwitzen, stöhnen und hungern dafür. Im Namen des Staates wird es erpresst, die Presser berufen sich auf die Regierung und die Regierung sagt, das sei nötig, die Ordnung im Staat zu erhalten. Was ist denn nun das für ein gewaltiges Ding: der Staat? Wohnt eine Anzahl Menschen in einem Land und es sind Verordnungen oder Gesetze vorhanden, nach denen jeder sich richten muss, so sagt man, sie bilden einen Staat. Der Staat also sind *alle;* die Ordner im Staate sind die Gesetze, durch welche das Wohl *aller* gesichert wird und die aus dem Wohl *aller* hervorgehen sollen. – Seht nun, was man in dem Großherzogtum aus dem Staat gemacht hat; seht, was es heißt: die Ordnung im Staate erhalten!

700 000 Menschen bezahlen dafür 6 Millionen, d. h., sie werden zu Ackergäulen und Pflugstieren gemacht, damit sie in Ordnung leben. In Ordnung leben heißt hungern und geschunden werden.

Blutzehnt: Fleisch- oder Viehzehnt, eine Art Steuer, die der Abgabe v€ Fleischproduk oder Tieren besteht

Presser: Peiniger, Erpresser

Erste Botschaft

Wer sind denn die, welche diese Ordnung gemacht haben und die wachen, diese Ordnung zu erhalten? Das ist die Großherzogliche Regierung. Die Regierung wird gebildet von dem Großherzog und seinen obersten Beamten. Die anderen Beamten sind Männer, die von der Regierung berufen werden, um jene Ordnung in Kraft zu erhalten. Ihre Anzahl ist Legion: Staatsräte und Regierungsräte, Landräte und Kreisräte, Geistliche Räte und Schulräte, Finanzräte und Forsträte usw. mit allem ihrem Heer von Sekretären usw. Das Volk ist ihre Herde, sie sind seine Hirten, Melker und Schinder; sie haben die Häute der Bauern an, der Raub der Armen ist in ihrem Hause; die Tränen der Witwen und Waisen sind das Schmalz auf ihren Gesichtern; sie herrschen frei und ermahnen das Volk zur Knechtschaft. Ihnen gebt ihr 6 000 000 fl. Abgaben; sie haben dafür die Mühe, euch zu regieren; d. h. sich von euch füttern zu lassen und euch eure Menschen- und Bürgerrechte zu rauben. Seht, was die Ernte eures Schweißes ist.

Für das Ministerium des Innern und der Gerechtigkeitspflege werden bezahlt 1 110 607 Gulden. Dafür habt ihr einen Wust von Gesetzen, zusammengehäuft aus willkürlichen Verordnungen aller Jahrhunderte, meist geschrieben in einer fremden Sprache. Der Unsinn aller vorigen Geschlechter hat sich darin auf euch vererbt, der Druck, unter dem sie erlagen, sich auf euch fortgewälzt. Das Gesetz ist das Eigentum einer unbedeutenden Klasse von Vornehmen und Gelehrten, die sich durch ihr eignes Machwerk die Herrschaft zuspricht. Diese Gerechtigkeit ist nur ein Mittel, euch in Ordnung zu halten, damit man euch bequemer schinde; sie spricht nach Gesetzen, die ihr nicht versteht, nach Grundsätzen, von denen ihr nichts wisst, Urteile, von denen ihr nichts begreift. Unbestechlich ist sie, weil sie sich gerade teuer genug bezahlen lässt, um keine Bestechung zu brauchen. Aber die meisten ihrer Diener sind der

---

Legion: römischer militärischer Großverband, *hier* eine nicht zu zählende Anzahl

Schinder: *hier* Peiniger

in einer fremden Sprache: auf Latein geschrieben

Der Hessische Landbote

Regierung mit Haut und Haar verkauft. Ihre Ruhestühle stehen auf einem Geldhaufen von 461 373 Gulden (so viel betragen die Ausgaben für die Gerichtshöfe und die Kriminalkosten). Die Fräcke, Stöcke und Säbel ihrer unverletzlichen Diener sind mit dem Silber von 197 502 Gulden beschlagen (so viel kostet die Polizei überhaupt, die Gendarmerie usw.) Die Justiz ist in Deutschland seit Jahrhunderten die Hure der deutschen Fürsten. Jeden Schritt zu ihr müsst ihr mit Silber pflastern, und mit Armut und Erniedrigung erkauft ihr ihre Sprüche. Denkt an das Stempelpapier, denkt an euer Bücken in den Amtsstuben und euer Wachestehen vor denselben. Denkt an die Sporteln für Schreiber und Gerichtsdiener. Ihr dürft euren Nachbar verklagen, der euch eine Kartoffel stiehlt; aber klagt einmal über den Diebstahl, der von Staatswegen unter dem Namen von Abgabe und Steuern jeden Tag an eurem Eigentum begangen wird, damit eine Legion unnützer Beamten sich von eurem Schweiße mästen; klagt einmal, dass ihr der Willkür einiger Fettwänste überlassen seid und dass diese Willkür Gesetz heißt, klagt, dass ihr die Ackergäule des Staates seid, klagt über eure verlornen Menschenrechte: Wo sind die Gerichtshöfe, die eure Klage annehmen, wo die Richter, die Recht sprächen? – Die Ketten eurer Vogelsberger Mitbürger, die man nach Rockenburg schleppte, werden euch Antwort geben.

Und will endlich ein Richter oder ein andrer Beamter von den wenigen, welchen das Recht und das gemeine Wohl lieber ist als ihr Bauch und der Mammon, ein Volksrat und kein Volksschinder sein, so wird er von den obersten Räten des Fürsten selber geschunden.

Für das Ministerium der Finanzen 1 551 502 fl.

Damit werden die Finanzräte, Obereinnehmer, Steuerboten, die Untererheber besoldet. Dafür wird der Ertrag eurer Äcker berechnet und eure Köpfe gezählt. Der Boden unter

Stempelpapier: Ausweis, amtliches Dokument

Sporteln: Honorar, das jemand für gerichtliche Handlungen bezahlen muss

Vogelsberger Mitbürger: die im Landeszuchthaus bei Rockenburg gefangenen Aufständischen des Bauernaufstandes von

Mammon: Geld

Erste Botschaft

euren Füßen, der Bissen zwischen euren Zähnen ist besteuert. Dafür sitzen die Herren in Fräcken beisammen und das Volk steht nackt und gebückt vor ihnen, sie legen die Hände an seine Lenden und Schultern und rechnen aus, wie viel es noch tragen kann, und wenn sie barmherzig sind, so geschieht es nur, wie man ein Vieh schont, das man nicht so sehr angreifen will.

Für das Militär wird bezahlt 914 820 Gulden.

Dafür kriegen eure Söhne einen bunten Rock auf den Leib, ein Gewehr oder eine Trommel auf die Schulter und dürfen jeden Herbst einmal blind schießen und erzählen, wie die Herren vom Hof und die ungeratenen Buben vom Adel allen Kindern ehrlicher Leute vorgehen und mit ihnen in den breiten Straßen der Städte herumziehen mit Trommeln und Trompeten. Für jene 900 000 Gulden müssen eure Söhne den Tyrannen schwören und Wache halten an ihren Palästen. Mit ihren Trommeln übertäuben sie eure Seufzer, mit ihren Kolben zerschmettern sie euch den Schädel, wenn ihr zu denken wagt, dass ihr freie Menschen seid. Sie sind die gesetzlichen Mörder, welche die gesetzlichen Räuber schützen, denkt an Södel! Eure Brüder, eure Kinder waren dort Brüder- und Vatermörder.

Für die Pensionen 480 000 Gulden.

Dafür werden die Beamten aufs Polster gelegt, wenn sie eine gewisse Zeit dem Staate treu gedient haben, d. h., wenn sie eifrige Handlanger bei der regelmäßig eingerichteten Schinderei gewesen, die man Ordnung und Gesetz heißt.

Für das Staatsministerium und den Staatsrat 174 600 Gulden.

Die größten Schurken stehen wohl jetzt allerwärts in Deutschland den Fürsten am nächsten, wenigstens im Großherzogtum. Kommt ja ein ehrlicher Mann in einen Staatsrat, so wird er ausgestoßen. Könnte aber auch ein ehrlicher Mann jetzo Minister sein oder bleiben, so wäre er,

Södel:
1830 wurde der Bauernprotest im hessischen Södel von Soldaten, selbst Kinder von Bauern, blutig niedergeschlagen.

Der Hessische Landbote

wie die Sachen stehn in Deutschland, nur eine Drahtpuppe, an der die fürstliche Puppe zieht, und an dem fürstlichen Popanz zieht wieder ein Kammerdiener oder ein Kutscher oder seine Frau und ihr Günstling oder sein Halbbruder – oder alle zusammen.

Popanz: Puppe, Marionette

In Deutschland stehet es jetzt, wie der Prophet Micha schreibt (Kap. 7, V. 3 und 4) »Die Gewaltigen raten nach ihrem Mutwillen, Schaden zu tun, und drehen es, wie sie es wollen. Der Beste unter ihnen ist wie ein Dorn, und der Redlichste wie eine Hecke.« Ihr müsst die Dörner und Hecken teuer bezahlen; denn ihr müsst ferner für das großherzogliche Haus und den Hofstaat 827772 Gulden bezahlen.

Die Anstalten, die Leute, von denen ich bis jetzt gesprochen, sind nur Werkzeuge, sind nur Diener. Sie tun nichts in ihrem Namen, unter der Ernennung zu ihrem Amt steht ein L., das bedeutet *Ludwig* von Gottes Gnaden und sie sprechen mit Ehrfurcht: »im Namen des Großherzogs«. Dies ist ihr Feldgeschrei, wenn sie euer Gerät versteigern, euer Vieh wegtreiben, euch in den Kerker werfen. Im Namen des Großherzogs sagen sie, und der Mensch, den sie so nennen, heißt: unverletzlich, heilig, souverän, königliche Hoheit. Aber tretet zu dem Menschenkinde und blickt durch seinen Fürstenmantel. Es isst, wenn es hungert, und schläft, wenn sein Auge dunkel wird. Sehet, es kroch so nackt und weich in die Welt wie ihr und wird so hart und steif hinausgetragen wie ihr, und doch hat es seinen Fuß auf eurem Nacken, hat 700000 Menschen an seinem Pflug, hat Minister, die verantwortlich sind für das, was es tut, Gewalt über euer Eigentum durch die Steuern, die es ausschreibt, über euer Leben, durch die Gesetze, die es macht, es hat adlige Herrn und Damen um sich, die man Hofstaat heißt, und seine göttliche Gewalt vererbt sich auf seine

Erste Botschaft

Kinder mit Weibern, welche aus ebenso übermenschlichen Geschlechtern sind.

Wehe über euch Götzendiener! – Ihr seid wie die Heiden, die das Krokodil anbeten, von dem sie zerrissen werden. Ihr setzt ihm eine Krone auf, aber es ist eine Dornenkrone, die ihr euch selbst in den Kopf drückt; ihr gebt ihm ein Zepter in die Hand, aber es ist eine Rut', womit ihr gezüchtigt werdet; ihr setzt ihn auf euern Thron, aber es ist ein Marterstuhl für euch und eure Kinder. Der Fürst ist der Kopf des Blutigels, der über euch hinkriecht, die Minister sind seine Zähne und die Beamten sein Schwanz. Die hungrigen Mägen aller vornehmen Herren, denen er die hohen Stellen verteilt, sind Schröpfköpfe, die er dem Lande setzt. Das L., was unter seinen Verordnungen steht, ist das Malzeichen des Tieres, das die Götzendiener unserer Zeit anbeten. Der Fürstenmantel ist der Teppich, auf dem sich die Herren und Damen vom Adel und Hofe in ihrer Geilheit übereinanderwälzen – mit Orden und Bändern decken sie ihre Geschwüre und mit kostbaren Gewändern bekleiden sie ihre aussätzigen Leiber. Die Töchter des Volks sind ihre Mägde und Huren, die Söhne des Volks ihre Lakaien und Soldaten. Geht einmal nach Darmstadt und seht, wie die Herren sich für euer Geld dort lustig machen, und erzählt dann euern hungernden Weibern und Kindern, dass ihr Brot an fremden Bäuchen herrlich angeschlagen sei, erzählt ihnen von den schönen Kleidern, die in ihrem Schweiß gefärbt, und von den zierlichen Bändern, die aus den Schwielen ihrer Hände geschnitten sind, erzählt von den stattlichen Häusern, die aus den Knochen des Volks gebaut sind; und dann kriecht in eure rauchigen Hütten und bückt euch auf euren steinigen Äckern, damit eure Kinder auch einmal hingehen können, wenn ein Erbprinz mit einer Erbprinzessin für einen andern Erbprinzen Rat schaffen will, und durch die geöffneten Glastüren das

---

Götzendiener: Diener eines Abgottes

Marterstuhl: Folterinstrument

Blutigel: Blutegel, Blutsauger

Schröpfkopf: Gerät zum therapeutischen Schröpfen, dabei wird der Schröpfkopf auf die Haut aufgesetzt und ein Unterdruck erzeugt.

Der Hessische Landbote

Tischtuch sehen, wovon die Herren speisen und die Lampen riechen, aus denen man mit dem Fett der Bauern illuminiert.

Das alles duldet ihr, weil euch Schurken sagen, »diese Regierung sei von Gott«. Diese Regierung ist nicht von Gott, sondern vom Vater der Lügen. Diese deutschen Fürsten sind keine rechtmäßige Obrigkeit, sondern die rechtmäßige Obrigkeit, den deutschen Kaiser, der vormals vom Volke frei gewählt wurde, haben sie seit Jahrhunderten verachtet und endlich gar verraten. Aus Verrat und Meineid und nicht aus der Wahl des Volkes ist die Gewalt der deutschen Fürsten hervorgegangen, und darum ist ihr Wesen und Tun von Gott verflucht; ihre Weisheit ist Trug, ihre Gerechtigkeit ist Schinderei. Sie zertreten das Land und zerschlagen die Person des Elenden. Ihr lästert Gott, wenn ihr einen dieser Fürsten einen Gesalbten des Herrn nennt, das heißt: Gott habe die Teufel gesalbt und zu Fürsten über die deutsche Erde gesetzt. Deutschland, unser liebes Vaterland, haben diese Fürsten zerrissen, den Kaiser, den unsere freien Voreltern wählten, haben diese Fürsten verraten und nun fordern diese Verräter und Menschenquäler Treue von euch! – Doch das Reich der Finsternis neigt sich zum Ende. Über ein Kleines, und Deutschland, das jetzt die Fürsten schinden, wird als ein *Freistaat* mit einer vom Volk gewählten Obrigkeit wieder auferstehn. Die Heilige Schrift sagt: Gebet dem Kaiser, was des Kaisers ist. Was ist aber dieser Fürsten, der Verräter? – *Das Teil von Judas!*
Für die Landstände 16 000 Gulden.
Im Jahr 1789 war das Volk in Frankreich müde, länger die Schindmähre seines Königs zu sein. Es erhob sich und berief Männer, denen es vertraute, und die Männer traten zusammen und sagten, ein König sei ein Mensch wie ein anderer auch, er sei nur der erste Diener im Staat, er müsse sich vor dem Volk verantworten, und wenn er sein Amt

Freistaat:
hier Staat fre
Menschen

Judas:
Gestalt aus d
Neuen Testa
Verräter an J

Schindmähre
geschundene
gequältes Pf

Erste Botschaft

schlecht verwalte, könne er zur Strafe gezogen werden. Dann erklärten sie die Rechte des Menschen: »Keiner erbt vor dem andern mit der Geburt ein Recht oder einen Titel, keiner erwirbt mit dem Eigentum ein Recht vor dem andern. Die höchste Gewalt ist in dem Willen aller oder der Mehrzahl. Dieser Wille ist das Gesetz, er tut sich kund durch die Landstände oder die Vertreter des Volks, sie werden von allen gewählt und jeder kann gewählt werden; diese Gewählten sprechen den Willen ihrer Wähler aus, und so entspricht der Wille der Mehrzahl unter ihnen dem Willen der Mehrzahl unter dem Volke; der König hat nur für die Ausübung der von ihnen erlassenen Gesetze zu sorgen.« Der König schwur, dieser Verfassung treu zu sein, er wurde aber meineidig an dem Volke und das Volk richtete ihn, wie es einem Verräter geziemt. Dann schafften die Franzosen die erbliche Königswürde ab und wählten frei eine neue Obrigkeit, wozu jedes Volk nach der Vernunft und der Heiligen Schrift das Recht hat. Die Männer, die über die Vollziehung der Gesetze wachen sollten, wurden von der Versammlung der Volksvertreter ernannt, sie bildeten die neue Obrigkeit. So waren Regierung und Gesetzgeber vom Volk gewählt und Frankreich war ein Freistaat.

Die übrigen Könige aber entsetzten sich vor der Gewalt des französischen Volkes, sie dachten, sie könnten alle über der ersten Königsleiche den Hals brechen und ihre misshandelten Untertanen möchten bei dem Freiheitsruf der Franken erwachen. Mit gewaltigem Kriegsgerät und reisigem Zeug stürzten sie von allen Seiten auf Frankreich und ein großer Teil der Adligen und Vornehmen im Lande stand auf und schlug sich zu dem Feind. Da ergrimmte das Volk und erhob sich in seiner Kraft. Es erdrückte die Verräter und zerschmetterte die Söldner der Könige. Die junge Freiheit wuchs im Blut der Tyrannen und vor ihrer Stimme bebten die Throne und jauchzten die Völker. Aber die

reisiges Zeug: Reiterarmee

Der Hessische Landbote

Franzosen verkauften selbst ihre junge Freiheit für den Ruhm, den ihnen Napoleon darbot, und erhoben ihn auf den Kaiserthron. – Da ließ der Allmächtige das Heer des Kaisers in Russland erfrieren und züchtigte Frankreich durch die Knute der Kosaken und gab den Franzosen die dickwanstigen Bourbonen wieder zu Königen, damit Frankreich sich bekehre vom Götzendienst der erblichen Königsherrschaft und dem Gotte diene, der die Menschen frei und gleich geschaffen. Aber als die Zeit seiner Strafe verflossen war und tapfere Männer im Julius 1830 den meineidigen König Karl den Zehnten aus dem Lande jagten, da wendete dennoch das befreite Frankreich sich abermals zur halberblichen Königsherrschaft und band sich in dem Heuchler Louis Philipp eine neue Zuchtrute auf. In Deutschland und ganz Europa aber war große Freude, als der zehnte Karl vom Thron gestürzt ward, und die unterdrückten deutschen Länder richteten sich zum Kampf für die Freiheit. Da ratschlagten die Fürsten, wie sie dem Grimm des Volkes entgehen sollten, und die listigen unter ihnen sagten: Lasst uns einen Teil unserer Gewalt abgeben, dass wir das Übrige behalten. Und sie traten vor das Volk und sprachen: Wir wollen euch die Freiheit schenken, um die ihr kämpfen wollt. – Und zitternd vor Furcht warfen sie einige Brocken hin und sprachen von ihrer Gnade. Das Volk traute ihnen leider und legte sich zur Ruhe. – Und so ward Deutschland betrogen wie Frankreich.

Denn was sind die Verfassungen in Deutschland? Nichts als leeres Stroh, woraus die Fürsten die Körner für sich herausgeklopft haben. Was sind unsere Landtage? Nichts als langsame Fuhrwerke, die man einmal oder zweimal wohl der Raubgier der Fürsten und ihrer Minister in den Weg schieben, woraus man aber nimmermehr eine feste Burg für deutsche Freiheit bauen kann. Was sind unsere Wahlgesetze? Nichts als Verletzungen der Bürger- und Men-

---

Bourbonen: franz. Adelsgeschlecht, c seit 1589 die Könige von Frankreich st

Karl X. von Frankreich: (1757–1836) franz. König

Erste Botschaft

schenrechte der meisten Deutschen. Denkt an das Wahlgesetz im Großherzogtum, wonach keiner gewählt werden kann, der nicht hochbegütert ist, wie rechtschaffen und gutgesinnt er auch sei, wohl aber der *Grolmann,* der euch um die zwei Millionen bestehlen wollte. Denkt an die Verfassung des Großherzogtums. – Nach den Artikeln derselben ist der Großherzog unverletzlich, heilig und unverantwortlich. Seine Würde ist erblich in seiner Familie, er hat das Recht, Krieg zu führen, und ausschließliche Verfügung über das Militär. Er beruft die Landstände, vertagt sie oder löst sie auf. Die Stände dürfen keinen Gesetzesvorschlag machen, sondern sie müssen um das Gesetz bitten, und dem Gutdünken des Fürsten bleibt es unbedingt überlassen, es zu geben oder zu verweigern. Er bleibt im Besitz einer fast unumschränkten Gewalt, nur darf er keine neuen Gesetze machen und keine neuen Steuern ausschreiben ohne Zustimmung der Stände. Aber teils kehrt er sich nicht an diese Zustimmung, teils genügen ihm die alten Gesetze, die das Werk der Fürstengewalt sind, und er bedarf darum keiner neuen Gesetze. Eine solche Verfassung ist ein elend jämmerlich Ding. Was ist von Ständen zu erwarten, die an eine solche Verfassung gebunden sind? Wenn unter den Gewählten auch keine Volksverräter und feige Memmen wären, wenn sie aus lauter entschlossenen Volksfreunden bestünden?! Was ist von Ständen zu erwarten, die kaum die elenden Fetzen einer armseligen Verfassung zu verteidigen vermögen! – Der einzige Widerstand, den sie zu leisten vermochten, war die Verweigerung der zwei Millionen Gulden, die sich der Großherzog von dem überschuldetem Volke wollte schenken lassen zur Bezahlung seiner Schulden. – Hätten aber auch die Landstände des Großherzogtums genügende Rechte und hätte das Großherzogtum, aber nur das Großherzogtum allein, eine wahrhafte Verfassung, so würde die Herrlichkeit doch bald

Grolmann:
Carl Ludwig Wilhelm Grolman (1775–1829), seit 1821 hessischer Ministerpräsident, war an der Ausarbeitung der hessischen Verfassung maßgeblich beteiligt.

Der Hessische Landbote

zu Ende sein. Die Raubgeier in Wien und Berlin würden ihre Henkerskrallen ausstrecken und die kleine Freiheit mit Rumpf und Stumpf ausrotten. Das ganze deutsche Volk muss sich die Freiheit erringen. Und diese Zeit, geliebte Mitbürger, ist nicht ferne. – Der Herr hat das schöne deutsche Land, das viele Jahrhunderte das herrlichste Reich der Erde war, in die Hände der fremden und einheimischen Schinder gegeben, weil das Herz des deutschen Volkes von der Freiheit und Gleichheit seiner Voreltern und von der Furcht des Herrn abgefallen war, weil ihr dem Götzendienste der vielen Herrlein, Kleinherzoge und Däumlings-Könige euch ergeben hattet.

Der Herr, der den Stecken des fremden Treibers Napoleon zerbrochen hat, wird auch die Götzenbilder unserer einheimischen Tyrannen zerbrechen durch die Hände des Volks. Wohl glänzen diese Götzenbilder von Gold und Edelsteinen, von Orden und Ehrenzeichen, aber in ihrem Innern *stirbt der Wurm nicht und ihre Füße sind von Lehm*. – Gott wird euch Kraft geben, ihre Füße zu zerschmeißen, sobald ihr euch bekehret von dem Irrtum eures Wandels und die Wahrheit erkennet: dass nur *ein* Gott ist und keine Götter neben ihm, die sich Hoheiten und Allerhöchste, heilig und unverantwortlich nennen lassen, dass Gott alle Menschen frei und gleich in ihren Rechten schuf und dass keine Obrigkeit von Gott zum Segen verordnet ist als die, welche auf das Vertrauen des Volkes sich gründet und vom Volke ausdrücklich oder stillschweigend erwählt ist; dass dagegen die Obrigkeit, die Gewalt, aber kein Recht über ein Volk hat, nur *also* von Gott ist, wie der Teufel auch von Gott ist, und dass der Gehorsam gegen eine solche Teufelsobrigkeit nur so lange gilt, bis ihre Teufelsgewalt gebrochen werden kann; dass der Gott, der ein Volk durch *eine* Sprache zu *einem* Leibe vereinigte, die Gewaltigen, die es zerfleischen und vierteilen oder gar in dreißig Stücke zerrei-

Erste Botschaft

ßen, als Volksmörder und Tyrannen hier zeitlich und dort ewiglich strafen wird, denn die Schrift sagt: was Gott vereinigt hat, soll der Mensch nicht trennen; und dass der Allmächtige, der aus der Einöde ein Paradies schaffen kann, auch ein Land des Jammers und des Elends wieder in ein Paradies umschaffen kann, wie unser teuerwertes Deutschland war, bis seine Fürsten es zerfleischten und schunden.

Weil das deutsche Reich morsch und faul war und die Deutschen von Gott und von der Freiheit abgefallen waren, hat Gott das Reich zu Trümmern gehen lassen, um es zu einem Freistaat zu verjüngen. Er hat eine Zeitlang den Satansengeln Gewalt gegeben, dass sie Deutschland mit Fäusten schlügen, er hat den Gewaltigen und Fürsten, die in der Finsternis herrschen, den bösen Geistern unter dem Himmel (Ephes. 6) Gewalt gegeben, dass sie Bürger und Bauern peinigten und ihr Blut aussaugten und ihren Mutwillen trieben mit allen, die Recht und Freiheit mehr lieben als Unrecht und Knechtschaft. – Aber ihr Maß ist voll!

Sehet an das von Gott gezeichnete Scheusal, den König Ludwig von Bayern, den Gotteslästerer, der redliche Männer vor seinem Bilde niederzuknien zwingt und die, welche die Wahrheit bezeugen, durch meineidige Richter zum Kerker verurteilen lässt; das Schwein, das sich in allen Lasterpfützen von Italien wälzte, den Wolf, der sich für seinen Baals-Hofstaat für immer jährlich fünf Millionen durch meineidige Landstände verwilligen lässt, und fragt dann: »Ist das eine Obrigkeit, von Gott zum Segen verordnet?«

Ha! du wärst Obrigkeit von Gott?
Gott spendet Segen aus;
Du raubst, du schindest, kerkerst ein,
Du nicht von Gott, Tyrann!

Ich sage euch: Sein und seiner Mitfürsten Maß ist voll. Gott, der Deutschland um seiner Sünden willen geschla-

---

Baal: semitische Gottheit, im Christentum gleichzusetzen mit Dämon, anderer Name für den Teufel

Der Hessische Landbote

gen hat durch diese Fürsten, wird es wieder heilen. »Er wird die Hecken und Dörner niederreißen und auf einem Haufen verbrennen« Jesaias 27, 4. Sowenig der Höcker noch wächset, womit Gott diesen König Ludwig gezeichnet hat, so wenig werden die Schandtaten dieser Fürsten noch wachsen können. Ihr Maß ist voll. Der Herr wird ihre Zwingburgen zerschmeißen und in Deutschland wird dann Leben und Kraft als Segen der Freiheit wieder erblühen. Zu einem großen Leichenfelde haben die Fürsten die deutsche Erde gemacht, wie Ezechiel im 37. Kapitel beschreibt: »Der Herr führte mich auf ein weites Feld, das voller Gebeine lag, und siehe, sie waren sehr verdorrt.« Aber wie lautet des Herrn Wort zu den verdorrten Gebeinen: »Siehe, ich will euch Adern geben und Fleisch lassen über euch wachsen und euch mit Haut überziehen, und will euch Odem geben, dass ihr wieder lebendig werdet, und sollt erfahren, dass Ich der Herr bin.« Und des Herrn Wort wird auch an Deutschland sich wahrhaftig beweisen, wie der Prophet spricht: »Siehe, es rauschte und regte sich, und die Gebeine kamen wieder zusammen, ein jegliches zu seinem Gebein. – Da kam Odem in sie, und sie wurden wieder lebendig und richteten sich auf ihre Füße, und ihrer war ein sehr groß Heer.«

Wie der Prophet schreibet, so stand es bisher in Deutschland: Eure Gebeine sind verdorrt, denn die Ordnung, in der ihr lebt, ist eitel Schinderei. 6 Millionen bezahlt ihr im Großherzogtum einer Handvoll Leute, deren Willkür euer Leben und Eigentum überlassen ist, und die anderen in dem zerrissenen Deutschland gleich also. Ihr seid nichts, ihr habt nichts! Ihr seid rechtlos. Ihr müsset geben, was eure unersättlichen Presser fordern, und tragen, was sie euch aufbürden. Soweit ein Tyrann blicket – und Deutschland hat deren wohl dreißig – verdorret Land und Volk. Aber wie der Prophet schreibet, so wird es bald stehen in

Erste Botschaft

Deutschland: der Tag der Auferstehung wird nicht säumen. In dem Leichenfelde wird sich's regen und wird rauschen, und der Neubelebten wird ein großes Heer sein.

Hebt die Augen auf und zählt das Häuflein eurer Presser, die nur stark sind durch das Blut, das sie euch aussaugen und durch eure Arme, die ihr ihnen willenlos leihet. Ihrer sind vielleicht 10 000 im Großherzogtum und eurer sind es 700 000 und also verhält sich die Zahl des Volkes zu seinen Pressern auch im übrigen Deutschland. Wohl drohen sie mit dem Rüstzeug und den Reisigen der Könige, aber ich sage euch: Wer das Schwert erhebt gegen das Volk, der wird durch das Schwert des Volkes umkommen. Deutschland ist jetzt ein Leichenfeld, bald wird es ein Paradies sein. Das deutsche Volk ist *ein* Leib, ihr seid ein Glied dieses Leibes. Es ist einerlei, wo die Scheinleiche zu zucken anfängt. Wann der Herr euch seine Zeichen gibt durch die Männer, durch welche er die Völker aus der Dienstbarkeit zur Freiheit führt, dann erhebet euch, und der ganze Leib wird mit euch aufstehen.

Ihr bücktet euch lange Jahre in den Dornäckern der Knechtschaft, dann schwitzt ihr einen Sommer im Weinberge der Freiheit und werdet frei sein bis ins tausendste Glied.

Ihr wühltet ein langes Leben die Erde auf, dann wühlt ihr euren Tyrannen ein Grab. Ihr bautet die Zwingburgen, dann stürzt ihr sie und bauet der Freiheit Haus. Dann könnt ihr eure Kinder frei taufen mit dem Wasser des Lebens. Und bis der Herr euch ruft durch seine Boten und Zeichen, wachet und rüstet euch im Geiste und betet ihr selbst und lehrt eure Kinder beten: »Herr, zerbrich den Stecken unserer Treiber und lass dein Reich zu uns kommen, das Reich der Gerechtigkeit. Amen.«

Sachinformationen

Leben in der Garnisonsstadt
»Die meiste Zeit des Lebens wartet der Soldat vergebens«, lautet eine alte Soldatenweisheit. »So machte den (sic!) Großteil eines Soldatenlebens im 19. Jahrhundert nicht der Kampf in der Schlacht aus, sondern der öde Garnisonsdienst« (Weßelhöft 2011, S.1). Dieser wurde davon bestimmt, ob man ein wehrpflichtiger Soldat, ein Unteroffizier oder ein Offizier mit all seinen Privilegien war. Zu Beginn des 19. Jahrhunderts wurde in den deutschen Staaten das Konskriptionswesen eingeführt, d.h., alle Männer im Alter von 20 bis 25 Jahren waren dienstpflichtig. Dies galt allerdings nicht für adlige und geistig bzw. körperlich für den Wehrdienst untaugliche Männer sowie für jene, deren Arbeitskraft im Familienbetrieb gebraucht wurde. Als Einjährig-Freiwillige konnten Gymnasiasten ab 1813 ihren Wehrdienst auf ein Jahr statt der verpflichtenden drei Jahre reduzieren. Dazu mussten sie allerdings ihre Ausrüstung selbst stellen und sich selbst verpflegen.
Den Wehrdienst umgehen konnten Wehrpflichtige, indem sie einen Stellvertreter sandten oder sich mit einer höheren Summe ›freikauften‹ – diese Summe konnten aber in der Regel nur sehr vermögende Männer aufbringen. Die soziale Zusammensetzung der Armee bestand also vornehmlich aus Soldaten der armen Unterschicht. In Friedenszeiten war das Ansehen der Soldaten bei der ansässigen Bevölkerung schlecht, denn diese musste teilweise die Versorgung der Armee tragen. Der einfa-

che Soldat bekam ungefähr ein Drittel des Lohnes eines landwirtschaftlichen Tagelöhners als Sold. Allerdings hatte er auch keine Ausgaben für Nahrung, Kleidung und Unterkunft, weil diese vom Militär gestellt wurden. Die Soldaten wurden in Baracken untergebracht oder nahmen Quartier in den Garnisonsstädten. Zu essen bekamen sie genug: Die Tagesration betrug 2500 Kilokalorien. Viele Soldaten unterstützten aber mit ihrem schmalen Einkommen ihre Eltern. Eine eigene Familie hatten sie in der Regel nicht, denn es war ihnen verboten, während ihres Militärdienstes zu heiraten.
Im Gegensatz zu den Mannschaften gehörten die Offiziere und Unteroffiziere zu den Berufssoldaten, die freiwillig in die Armee eingetreten waren. Dies zog positive Konsequenzen für ihre Stellung in der Kaserne bzw. in der Garnison nach sich: Ihr Sold war wesentlich höher als der einfacher Soldaten. Sie bekamen eine eigene Unterkunft gestellt und durften heiraten und eine Familie gründen. Weitere Privilegien, die den Wehrpflichtigen vorenthalten wurden, waren die Garnisonsschulen und die Garnisonslazarette, die für die Offiziere und Unteroffiziere kostenlos waren, so dass sie medizinisch besser versorgt wurden. Die Ausbildung ihrer Kinder war überdurchschnittlich gut. Auch hatten die oberen Dienstgrade, die nicht mehr in der Lage waren, den Militärdienst zu versehen, Anspruch auf eine Stelle im Staatsdienst, so dass sie zeitlebens finanziell abgesichert waren. Die Offiziere und Unteroffiziere

Sachinformationen

fühlten sich deshalb meistens den einfachen Soldaten überlegen und brachten diesen wenig Respekt entgegen. Bis in die zweite Hälfte des 19. Jahrhunderts wurde der Soldat mit »Er« angeredet. Danach wurde diese Anrede durch das höflichere »Sie« ersetzt. Auch war es den Offizieren erlaubt, Prügelstrafen für Soldaten anzuordnen.

> Literatur:
>
> Osterhammel, Jürgen: Die Verwandlung der Welt: Eine Geschichte des 19. Jahrhunderts. München: Beck 2011.
>
> Pröve, Ralf: Militär, Staat und Gesellschaft im 19. Jahrhundert. München: Oldenbourg 2006.
>
> Weßelhöft, Daniel: Soldatenleben im 19. Jahrhundert. Der soldatische Alltag in Krieg und Frieden am Beispiel der Braunschweigischen Armee. In: Brunswiek Historica. Geschichtspodcast zur Braunschweiger Landesgeschichte 2011. Online abrufbar unter: http://brunswiek-historica.de/Podcast_Braunschweigischer_Soldatenleben_im_19_Jh.pdf. (Letzter Zugriff am 03.12.2012.)

Humanexperimente im 19. Jahrhundert

Humanexperimente, d.h. medizinische Versuche an Menschen, sind seit der Antike überliefert. Nachdem zunächst nur Tierversuche vorgenommen worden waren, wurden ab 400 v.Chr. auch Versuche an lebenden Menschen gemacht (Vivisektionen). Die Aufklärer begannen, sich mit der ethischen Frage von Menschenversuchen auseinanderzusetzen und sie zu rechtfertigen. Allerdings mahnten Wissenschaftler auch immer wieder, dass man diese Experimente nicht uneingeschränkt durchführen und an die Schmerzen und Qualen der Menschen denken sollte, an denen Experimente ausgeführt wurden: »So unterschied Johannes Müller 1824 in seiner Bonner Antrittsvorlesung ›Von dem Bedürfnis der Physiologie nach einer philosophischen Naturbetrachtung‹ scharf zwischen der ›schlichten‹, ›aufrichtigen‹ Beobachtung und dem ›künstlichen‹, ›ungeduldigen‹ Experiment: ›Man darf die Natur nur auf irgendeine Weise gewalttätig versuchen; sie wird immer in ihrer Noth eine leidende Antwort geben‹ « (Schott 2003, S. 1108). Überwiegend allerdings verdrängte der Wissenschaftseifer jegliche moralische Bedenken. Die Experimentatoren beschränkten sich auf ihre objektiven Beobachtungen und klammerten Emotionen aus den Begegnungen mit ihren Versuchspersonen aus. Besonders gesellschaftliche Randgruppen wie Strafgefangene, politische Häftlinge, Arme und Behinderte wurden (fast immer) gegen ihren Willen für Menschenversuche benutzt – besonders auf den Gebieten der Infektions- und Impfversuche sowie auf dem Gebiet der Geschlechtskrankheiten.

Ein Beispiel hierfür ist der Fall des Dermatologen Albert Neisser. Dieser impfte am Ende des 19. Jahrhunderts mehrere seiner Patientinnen mit einem Serum aus Syphilisbakterien, weil er herausfinden wollte, ob die Frauen hierdurch gegen diese Krankheit immun würden. Es erkrankten zwar nicht alle dieser Patientinnen, aber vier von ihnen. Es waren Prostituierte, die Neisser wegen anderer Geschlechtskrankheiten behandelte. Neisser bestritt, dass diese Frauen wegen seiner Behandlung erkrankten, weil sie sich wegen ihrer Tätigkeit an einem anderen Ort hätten anstecken können. Das Gericht verurteilte Neisser dennoch zu einer Geldstrafe, da er an den Patientinnen ohne deren Zustimmung einen medizinischen Versuch durchgeführt hatte. Auch andere Missbrauchsfälle dieser Art in Krankenhäusern sind aus dieser Zeit überliefert. Viele Wissenschaftler und Ärzte hatten keine Skrupel, was Humanexperimente anging. Sie begründeten dies damit, dass wissenschaftliche Erkenntnisse wichtig seien, weil man nur so die Heilungschancen vieler Menschen erhöhen könne. Das Einzelschicksal, d. h. das Schicksal der Versuchsperson selbst, wurde – besonders wenn die Person aus der gesellschaftlichen Unterschicht kam – demgegenüber vernachlässigt bzw. nicht berücksichtigt.

Sachinformationen

<u>Literatur</u>

Elkeles, Barbara: Der moralische Diskurs über das medizinische Menschenexperiment im 19. Jahrhundert. Stuttgart: G. Fischer 1996.

Hach, Wolfgang; Hach-Wunderle, Viola: Blickpunkte in die Medizingeschichte des 19. Jahrhunderts. Stuttgart: Schattauer 2007.

Sabisch, Katja: Das Weib als Versuchsperson: Medizinische Menschenexperimente im 19. Jahrhundert am Beispiel der Syphilisforschung. Bielefeld: transcript Verlag 2007, S. 82 ff.

Schott, Heinz: Menschenversuch und Menschlichkeit. In: Deutsches Ärzteblatt, Jg. 100, Heft 17, 25. April 2003, S. A 1108–1111.

Der Jahrmarkt im 19. Jahrhundert

Der Jahrmarkt geht ursprünglich auf die Kirchweih bzw. Kirchmess zurück, einen Tag, an dem man die Einweihung der Dorfkirche feierte. Wahrscheinlich schon im Mittelalter schliff sich der Begriff ab und wurde zu Kirmes. Seit ungefähr dem 12. Jahrhundert entwickelte sich in den Städten mit Marktrecht der Jahrmarkt bzw. der Freimarkt – ein Markt mit Händlern, Artisten und Schaustellern. Weil es dort oft ›rummelte‹, d. h. sehr lautstark zuging, bezeichnete man in einigen Gegenden Deutschlands dieses Spektakel auch als Rummel. Spätestens seit dem 19. Jahrhundert werden diese Begriffe im Sinne von Volksfest gebraucht.

Schausteller stellten in Bretterbuden, den so genannten Schaubuden, ihre Künste und Sensationen vor. Als im 19. Jahrhundert erste Karussells entwickelt wurden, übertrug man den Begriff des Schaustellers auf die Betreiber von Fahrgeschäften.

Jahrmärkte waren die Attraktion in den Städten und auf den Dörfern. Moritaten- und Bänkelsänger gaben ihre Vorstellungen, Artisten präsentierten ihre Künste. Seit dem 17. Jahrhundert wurden auf Volksfesten auch exotische Tiere gezeigt. Während der Zeit des deutschen Kolonialismus führte man sogar Menschen vor, die in Afrika und Ozeanien beheimatet waren.

Immer war der Jahrmarkt auch ein Tanzvergnügen. Ende des 19. Jahrhunderts wurde die Vielfalt des Jahrmarkts zunehmend von Fahrgeschäften verdrängt, die artistischen, also ›circensischen‹ Künste wurden nun im Zirkus gezeigt.

<u>Literatur</u>
Szabo, Sacha-Roger: Rausch und Rummel: Attraktionen auf Jahrmärkten und Vergnügungsparks: Eine soziologische Kulturgeschichte. Bielefeld: transcript Verlag 2006, S. 25 ff.

Der historische Woyzeck

Die Vorlage für Georg Büchners Dramenfragment »Woyzeck« bot ein realer Mordfall, der sich am 2. Juni 1821 in Leipzig ereignete. Nachrichten und Berichte über den Prozess dieses Mordfalls und die ärztlichen Gutachten über die Person des Täters verbreiteten sich über alle deutschen Staaten und weckten das Interesse einer breiten Öffentlichkeit. Besonders das ärztliche Gutachten des Hofrats Dr. Johann Christian August Clarus (1774–1854) mit dem Titel *Die Zurechnungsfähigkeit des Mörders J. C. Woyzeck, nach Grundsätzen der Staatsarzneikunde actenmäßig erwiesen* wurde kontrovers diskutiert. Man warf dem Arzt u. a. vor, er habe zu wenig berücksichtigt, dass Woyzeck »*fremde Stimmen* um sich höre, ohne Jemand wahrzunehmen« (→ Schizophrenie) und »wirklich von Zeit zu Zeit Handlungen vorgenommen« (Clarus 1967, S. 493) habe, die eine »Verstandesverwirrung« verrieten. Büchner hat das Gutachten wahrscheinlich in der Bibliothek seines Vaters gelesen. Es war abgedruckt in *Henkes Zeitschrift für die Staatsarzneikunde* (Mayer 1980, S. 337).

Der reale Johann Christian Woyzeck wurde 1780 in Leipzig geboren. Er verlor als Jugendlicher beide Eltern und ging nach einer abgebrochenen Lehre freiwillig zum Militär (→ Leben in der Garnisonsstadt). Dort wechselte er in kurzer Folge mehrmals zwischen in- und ausländischen Truppen hin und her und desertierte schließlich, weil er zu einer Frau nach Stralsund

Sachinformationen

zurückkehren wollte, die ein Kind von ihm erwartete. Diese verließ er allerdings kurze Zeit später und kehrte 1818 nach Leipzig zurück, wo er mit der fünf Jahre älteren Christiane Woost, der Tochter seiner Vermieterin, ein Verhältnis einging. Da Woost trotz der Verbindung zu Woyzeck auch Kontakt zu anderen Soldaten pflegte, kam es oft zu Streit- und Eifersuchtsszenen. 1821 wurde Woyzeck wegen mehrerer Diebstähle zu einer Woche Gefängnis verurteilt. Er schaffte es in der Folge nicht, ins alltägliche Leben zurückzufinden, wurde alkoholabhängig, hatte keine Unterkunft mehr und bettelte für seinen Lebensunterhalt. Getrieben von Eifersucht und Rachegedanken kaufte er sich eine Degenklinge, an die er einen Griff anbringen ließ. Am 2. Juni 1821 lauerte er Christiane Woost auf und erstach sie. Hinterher stellte er sich selbst der Polizei. Zunächst verlief der Prozess unauffällig. Woyzeck gestand seine Tat, und die Verteidigungsschrift plädierte auf mildernde Umstände. Dann aber meldeten sich verschiedene Personen, die Woyzeck kannten, und berichteten, dass er zeitweise unter Verhaltensauffälligkeiten und Bewusstseinsstörungen gelitten habe. Daraufhin wurde Hofrat Dr. med. Clarus gebeten, ein Gutachten zu Woyzecks Zurechnungsfähigkeit und damit Schuldfähigkeit zu erstellen. Nach mehreren Gesprächen, in denen Woyzeck u. a. von Depressionen, einem Selbstmordversuch, Stimmen in seinem Kopf und Halluzinationen sprach, kam Dr. Clarus zu dem Schluss, dass Woyzeck in vollem Maße für seine Tat zur Verantwortung gezogen werden könne.

Woyzeck wurde zum Tode verurteilt. Wieder versuchte man, eine Aufhebung des Urteils zu erreichen, indem auf Woyzecks Verstandesverwirrung hingewiesen wurde. Aber auch in seinem zweiten Gutachten erklärte Dr. Clarus den Angeklagten Woyzeck für schuld- und straffähig. Am 27. August 1824 wurde Woyzeck auf dem Leipziger Marktplatz hingerichtet.

Literatur

Clarus, Johann Christian August Die Zurechnungsfähigkeit des Mörders Johann Christian Woyzeck, nach Grundsätzen der Staatsarzneikunde aktenmäßig erwiesen. In: Georg Büchner: Sämtliche Werke und Briefe (Hamburger Ausgabe), 1. Band: Dichtungen und Übersetzungen mit Dokumentationen zur Stoffgeschichte, Hamburg: Wegner 1967, S. 487–549.

Lehmann, Werner R. (Hrsg): Georg Büchner: Werke und Briefe. München: Hanser 1980, S. 374–375.

Mayer, Hans: Georg Büchner und seine Zeit. Frankfurt: Suhrkamp 1980, S. 331 ff.

Schizophrenie

Schizophrenie ist eine psychische Erkrankung. Sie löst Veränderungen des Denkens, des Wahrnehmens und des Verhaltens aus, bei denen nicht mehr zwischen Wirklichkeit und Fantasie unterschieden werden kann. Ein Erkrankter hört Stimmen in seinem Kopf, die zu ihm sprechen (→ Der historische Woyzeck). Er hat Halluzinationen, fühlt sich verfolgt, ständig gefährdet und denkt, dass fremde Mächte ihn bestimmen (Verfolgungswahn). Das Krankheitsbild ist geprägt durch Hilflosigkeit und Fremdbestimmtheit. Schizophrene leiden unter Gefühlslosigkeit, brechen oft jeglichen sozialen Kontakt zu anderen Menschen ab und verwahrlosen äußerlich.

Die Krankheit kann individuell unterschiedlich verlaufen. Sie wird meistens zum ersten Mal bei Jugendlichen und jungen Erwachsenen akut. Obwohl sie nicht immer chronisch verläuft, zeigen die Betroffenen eine dauerhaft verminderte Stressverträglichkeit und Sozialfähigkeit. Die regelmäßige Einnahme von Medikamenten verhindert zwar den erneuten Ausbruch der Krankheit oder lindert die Symptome, hat aber auch Nebenwirkungen zur Folge: Die Patienten wirken abwesend, leiden unter Konzentrationsschwäche, Müdigkeit, Antriebslosigkeit und Muskelträgheit.

Das Denken von chronisch Kranken ist häufig gestört (so kann es z. B. sein, dass komplexere Zusammenhänge nicht mehr be-

Sachinformationen

griffen werden). In der Regel zeigen die Betroffenen aber nur gelegentlich ungewöhnliche Wahrnehmungen und unangemessene Affekte, können vielfach mit Unterstützung selbstständig leben.

Literatur

Finzen, Asmus: Schizophrenie: Die Krankheit verstehen. 8. Auflage. Bonn: Belz 2004.

Früh erkennen früh behandeln. Neue Chancen für Menschen mit erhöhtem Psychoserisiko. Hg. v. den Früherkennungs- und Frühinterventionszentren der Universitätskliniken Köln und Bonn und der Arbeitsgruppe Schizophrenieforschung am Zentralinstitut für seelische Gesundheit in Mannheim in Kooperation mit dem Kompetenznetz Schizophrenie. Köln/Bonn: Kompetenznetz Schizophrenie (o. J.).

Häfner, Heinz: Schizophrenie. Erkennen, Verstehen, Behandeln. München: Beck 2010.

Roche Lexikon. Medizin. München: Urban & Schwarzenberg 1998, S. 1501–1502.